PENSAMIENTO POSITIVO PARA LA SUPERACIÓN PERSONAL

SABIDURÍA ETERNA PARA EL ÉXITO MODERNO

REVELANDO LOS SECRETOS DE LOS ANTIGUOS MAESTROS Y LOS 5 PASOS PARA SUPERAR TUS MIEDOS, ELIMINAR LA ANSIEDAD Y ALCANZAR TUS METAS PERSONALES

por la
THE MASTER METHOD ACADEMY

con el
GRAN MAESTRO MARCO SIES
7 Veces Campeón Mundial de Kickboxing

A la memoria de Héctor Vera, mi amado abuelo. Su bondad genuina y su espíritu gentil tocaron mi alma, y su presencia sigue siendo una luz guía, recordándome vivir con compasión y valorar cada precioso momento.

ÍNDICE

Agradecimientos	7
Introducción: La Sabiduría De Antiguos Maestros, Y Los 5 Pasos Del Método Maestro	9
Prólogo: La Historia De Un Campeón: Convierte Tus Derrotas En Victorias; Cuando Nadie Cree En Ti	13
Campeón Mundial Gran Maestro Marco Sies	27
Paso 1: Decidiendo Lo Que Realmente Quieres:	35
Crea Hábitos Mentales Para Definir Dónde Estás, Triunfar Sobre Cualquier Desafío Y Transformar Cualquier Área De Tu Vida	
Paso 2: Condiciona Tu Mente Para El Éxito:	81
Los Secretos Para Fortalecer Tu Mente, Utilizando Los 5 Elementos Esenciales Para Superar La Negatividad	
Paso 3: Diseñando Un Plan A Prueba De Balas:	139
Mapeando Una Ruta Detallada Para Garantizar Tus Victorias	
Paso 4: Tomando Acción Determinante:	153
Activando Tu Plan Para Convertir Tu Visión en Realidad, Crear La Vida Que Te Mereces Y Que Siempre Soñaste	
Paso 5: Manteniendo El Rumbo (Perseverar):	159
Estrategias y Elementos Vitales Para Ayudarte a Perseverar a Través De Desafíos, Adversidades y Tiempos Difíciles	
Reflexiones Finales:	175
Sabiduría de Los Maestros, Consejos y Recordatorios	
¡Sueña en Grande!	185
Sobre Los Autores	187
Referencias	189

Derechos de autor © 2024 por Angel Light Publishing

Todos los derechos reservados. Queda prohibido el uso, reproducción, almacenamiento en un sistema de recuperación o transmisión de cualquier forma o por cualquier medio, electrónico, mecánico, fotocopiado, grabación u otro, sin permiso escrito, excepto en el caso de breves citas en artículos y reseñas. Para obtener más información, póngase en contacto con Angel Light Publishing en AngelLightPublishing@gmail.com.

AGRADECIMIENTOS

Comencé a escribir los conceptos de este libro hace muchos años, y aunque fue un largo viaje, disfruté cada paso. El proceso me enseñó mucho, y fue una experiencia maravillosa y emocionante.

Estoy humildemente agradecido, y primero quiero reconocer a todos los grandes maestros y maestras que vinieron antes que nosotros, dejando conocimientos y sabiduría tan valiosos a través de escritos, historias y experiencias. Influyeron enormemente en mí

y aprendí no solo de mis propias experiencias, sino también a través de incontables horas de lectura y escucha de las enseñanzas de los maestros antiguos y contemporáneos.

Este libro no hubiera sido posible sin mi esposa Julie. A ella, con todo mi amor, le estoy agradecido. No solo por este libro, sino por la oportunidad de compartir cada día con ella y vivir una vida tan maravillosa. Estoy agradecido por su amor y apoyo constante e incondicional, combinado con su orientación e increíble capacidad para transformar mis palabras e ideas en un manuscrito organizado y tangible.

Mi gratitud también está con nuestros hijos, que nos dan tantas razones para estar agradecidos, por bendecirnos verdaderamente cada día y permitirnos la oportunidad, como sus padres, de experimentar una vida de alegría y felicidad pura. Estoy muy orgulloso de cada uno de ellos y agradezco cada momento que podemos compartir.

Gracias también a mis amigos, familiares y estudiantes, que son tan solidarios y me entregan tanto cariño. Me siento bendecido de tenerlos en mi vida.

Este libro se basa en conceptos que he aprendido, practicado y enseñado, pero no hubiera sido posible sin nuestro increíble equipo de producción. Hace muchos años, Richy Sharshan, mi editora, convirtió mis escritos en una obra de arte. Presentó magistralmente mi historia, preservando mis palabras y conceptos. Goli Kaviani, con su increíble creatividad artística, se encargó de las fotografías.

Y a los muchos otros miembros del equipo que hicieron posibles nuestras publicaciones, ¡GRACIAS! No podríamos haber pedido un mejor grupo de personas con las cuales trabajar, y estamos eternamente agradecidos por las innumerables horas dedicadas, todo su arduo trabajo y esfuerzo, y sobre todo, su amistad y apoyo.

Lo más importante, GRACIAS a ti por leer e inspirarme en este viaje. Es un privilegio y un honor, y humildemente te agradezco la oportunidad de compartir mi historia y las lecciones que he aprendido contigo. Espero que estas lecciones también te inspiren, ayudándote a crear la vida maravillosa que realmente mereces.

Con gratitud,

Gran Maestro Marco Sies

INTRODUCCIÓN: LA SABIDURÍA DE ANTIGUOS MAESTROS, Y LOS 5 PASOS DEL MÉTODO MAESTRO

Las lecciones de este libro exponen conceptos que nunca podría atribuir a mi propia invención. La mayoría de estas ideas son principios ancestrales que se han enseñado durante miles de años, y los principios son atemporales y universales. Las personas más influyentes a lo largo de la historia sabían cómo aplicar esta sabiduría, y si observas detenidamente sus legados, sin duda reconocerás muchos de los conceptos presentados aquí en esta guía para el pensamiento positivo.

COMPILANDO PRINCIPIOS UNIVERSALES

Aquí encontrarás compilada, organizada y aplicada a la vida actual, la sabiduría de los grandes maestros: Jesús, Buda, Mohammed, Hermes Trismegisto, Lao Tzu, Sócrates, Platón y otros maestros de la historia antigua. Además, también hemos destilado un caudal de conocimiento de algunos de los maestros más notables de la historia moderna, como Albert Einstein, Napoleon Hill, Mahatma Gandhi, Madre Teresa, Jack Canfield, Tony Robbins, Ester Hicks, Stephen Covey, etc., cuyos principios universales se han presentado de muchas formas valiosas para ayudar a millones de personas a vivir mejor y alcanzar el éxito.

EL MÉTODO MAESTRO: 5 PASOS HACIA EL ÉXITO, LA PROSPERIDAD Y LA PAZ INTERIOR

Después de décadas de estudiar a los maestros y filósofos antiguos, así como a motivadores contemporáneos y entrenadores de alto rendimiento, comencé a darme cuenta de que había patrones repetitivos de sabiduría que se enseñaban a lo largo de siglos y generaciones de maestros. Me di cuenta de que estaba logrando mis propios éxitos increíbles una y otra vez, y estaba usando repetidamente el mismo método sistemático para alcanzar prácticamente todas las metas que me proponía. Sin darme cuenta, el proceso que estaba utilizando había evolucionado a partir del estudio de las enseñanzas colectivas de los más grandes maestros de todos los tiempos.

Fue así que comencé a definir, detallar y compartir el proceso con mis estudiantes, y lo llamé "El Método Maestro" en honor a sus raíces ancestrales. En mi vida, utilicé este "Método Maestro" de 5 pasos para superar y aprender de cada desafío al que me enfrenté. Experimenté bullying, pobreza, enfermedad, lesiones e incluso falta de vivienda. Aun así, pude resistir, fortalecerme y superar cada obstáculo para lograr siete campeonatos mundiales, construir negocios exitosos, publicar este libro, mejorar mi salud y, lo más importante, encontrar el amor de mi vida y la paz interior que había estado buscando desde muy joven. También he visto cómo este método ha tocado la vida de miles de estudiantes a lo largo de los años, desde atletas, entrenadores, niños y padres, hasta personas que luchan con sus finanzas, salud, relaciones y paz interior.

EL ÉXITO VIENE CON LA PRÁCTICA

Esta guía para el pensamiento positivo no es una presentación de nuevos conceptos, sino una nueva presentación de conceptos antiguos y modernos. El proceso de 5 pasos se presenta de manera sencilla y ha empoderado a miles de personas para que tomen el control de sus propios éxitos, ELIJAN la felicidad, les brindo esta guía para crear hábitos ganadores, superar desafíos y CREAR proactivamente la vida que desean.

Compartir mi historia contigo me permite hacerte saber que he experimentado mi parte justa de desafíos y sé cómo es no estar donde quieres estar. Pero estoy aquí para decirte que puedes lograr cualquier cosa que desees, sabiendo que tienes las llaves para abrir las hermosas puertas de la alegría, la abundancia, la riqueza, la prosperidad y el éxito en todas las áreas de tu vida.

Permíteme entregarte esas llaves ahora y mostrarte cómo usarlas.

Después, depende de ti reflexionar, decidir, planificar, acondicionarte, tomar acción constante y comenzar a crear tu vida ganadora.

"¡Créelo, Lógralo!"

~ Gran Maestro Marco

PRÓLOGO: LA HISTORIA DE UN CAMPEÓN: CONVIERTE TUS DERROTAS EN VICTORIAS; CUANDO NADIE CREE EN TI

Fue un brutal gancho izquierdo que nunca olvidaré lo que me tiró al suelo temprano en el segundo asalto de mi primera gran pelea en Estados Unidos. En ese momento supe que estaba completamente superado. Aturdido, me levanté, pensando para mí mismo: "Incluso si no gano esta pelea, al menos haré que este tipo recuerde mi nombre". Luché con ferocidad y valentía, levantándome una y otra vez hasta que el árbitro me ordenó quedarme abajo al final del tercer asalto. Y así terminó el gran debut de Marco "Babyface" Sies en la televisión nacional de EE .UU.

Tal vez esperabas que comenzara este libro con una de mis victorias triunfales en los campeonatos mundiales... o tal vez un momento emotivo en el memorable día en que fui incluido en el Salón de la Fama Mundial de Karate como una Leyenda del Kickboxing. Pero elegí lo que algunas personas considerarían un fracaso desastroso por una buena razón: mostrar que perder no es más que una gran parte de ganar, y si lo aceptas como evolución del proceso de alcanzar tus metas, te volverás más fuerte y mejor preparado para llegar a hacer realidad tus aspiraciones.

Terminé en el hospital esa noche, pero con una convicción más fuerte que nunca de convertirme en el luchador más rápido, inteligente y mejor a nivel técnico del planeta. Más tarde supe que los promotores me habían enfrentado a un campeón olímpico y me aseguraron que me iría bien, a pesar de ser un kickboxer que nunca había entrenado en boxeo tradicional. Aunque perdí esa pelea, el corazón que mostré en esos tres asaltos despertó mucho interés en el niño de cara de bebé de América del Sur, abriendo puertas que me acercaron a mi sueño.

¿Cómo desarrollé la motivación y la determinación que me mantuvieron en el camino hacia el éxito? Es un viaje que comenzó en la bulliciosa ciudad de Santiago, Chile, donde nací.

NIÑO PEQUEÑO, GRAN PENSADOR

Crecí en los humildes alrededores de Santiago, una ciudad que es cruda y dura, pero encantadora en su belleza natural, ubicada en un valle exuberante al pie de los Andes. Aunque los medios de mi familia eran escasos y enfrenté tal vez más problemas de los que me correspondían, miro atrás con agradecimiento a las personas y experiencias que me moldearon en quien me convertí y me encaminaron hacia mi vida actual.

Yo era el mayor de tres hijos nacidos de una madre y un padre que trabajaban muy duro para proporcionar a mis hermanos y a mí las necesidades y la educación que todo padre desea para sus hijos. Sin embargo,

cuando éramos niños, no sentíamos la lucha que debieron haber experimentado para criarnos. Éramos solo tres niños pequeños que encontrábamos alegría en las cosas más simples. Pasábamos horas al aire libre ensuciándonos lo más posible, haciendo varios intentos (fracasados) de probar nuestras habilidades de paracaidismo desde el techo de nuestra casa. Siempre fascinado por la naturaleza, recuerdo esconderme, acechar y finalmente atrapar una variedad de insectos, lagartijas, pájaros y otras criaturas salvajes solo con mis pequeñas manos.

Desde muy pequeño, me encantaba leer sobre el mundo que me rodeaba y pasaba horas observando a las personas, tratando de descubrir por qué se comportaban de la manera en que lo hacían. A los ocho años, leí el libro Cosmos de Carl Sagan y me intrigó; ¿habría humanos en otros planetas? ¿Cuál era el ciclo de la vida? ¿Por qué las personas son como son? ¿Por qué funciona la mente como lo hace? Un niño analítico, estaba fascinado por la psicología humana, observando fervientemente a mis padres, familiares y otros adultos, a veces para su molestia.

Mis recuerdos más reconfortantes y pacíficos son los maravillosos momentos que pasé pescando con mi abuelo en la belleza y tranquilidad de los riachuelos que llegan a lagos prístinos en lo alto de las montañas agrestes de Chile. Mi abuelo, a quien cariñosamente llamábamos "Tata", no solo me enseñó a pescar, sino que me enseñó cómo vivir una vida de verdadera felicidad y paz. Hasta el día de hoy, amo pescar y encuentro una gran alegría y tranquilidad en esos momentos.

Mi Tata era el alma más amable, gentil y humilde que he conocido. Representaba la integridad, el desinterés y el honor, un verdadero caballero. Era mi modelo a seguir definitivo y el tipo de persona que intentaré ser durante toda mi vida. A pesar de los numerosos obstáculos, errores y malas decisiones que cometí en mi camino, mi Tata siempre fue para mi una base sólida y mi cable a tierra. Él era como un faro que me guiaba para ser una mejor persona. También representaba un lugar maravilloso de paz, alegría y plenitud, y todos los días agradezco enormemente la poderosa influencia positiva de este hombre en mi vida.

LUCHAS PERSONALES

Esas gratas reminiscencias de la infancia son los recuerdos que trato de mantener vivos y en los que centro mi atención. Sin embargo, mientras crecía, también experimenté dificultades y conflictos personales que he trabajado arduamente para superar. Algunas de estas luchas surgieron de influencias negativas y personas que me decían que no era lo suficientemente bueno... que era inferior... que no era inteligente... que era pobre, demasiado pequeño, poco atractivo. Me dijeron tantas cosas negativas con tanta frecuencia que pasé muchos años creyendo que eran ciertas, y me llevó mucho tiempo romper el ciclo negativo de pensamientos y comportamientos resultantes.

Siendo muy pequeño para mi edad, era un niño de piel oscura que vivía en una población aún no diversificada donde se admiraba y prefería la piel clara. En la escuela, las niñas me decían que era feo y los chicos me acosaban sin descanso. Tengo historias, como tantos niños, de burlas en el patio de la escuela: recuerdo que me lanzaron de cabeza a un basurero y la humillación de parte de un grupo de chicos que me perseguían, me azotaban con sus corbatas y me hacían correr como un caballo mientras se reían. Los profesores me decían que estaba sucio por mi pigmentación oscura e incluso algunos de mis propios familiares hacían comentarios hirientes, alimentando mis temores de que no era digno y afectando mi propia imagen, mi confianza y todo mi ser. Además, se sumaba una relación problemática entre mi madre y mi padre, quienes finalmente se divorciaron, y algunas experiencias traumáticas personales que contribuyeron aún más a mis sentimientos de falta de valía y duda sobre mí mismo.

Mirando hacia atrás en esos años, sabiendo lo que sé ahora, veo cómo muchas de estas experiencias negativas de la infancia me acompañaron hasta la edad adulta y tuvieron una gran influencia en la forma en que manejé las relaciones, entre otras cosas. Sin embargo, ahora entiendo que estas experiencias luego me ayudaron a construir mi resiliencia y motivación y a identificar lo que no quería para mí. Esas experiencias me ayudaron a darme cuenta de lo lejos que he llegado y a apreciar realmente la maravillosa vida que tengo ahora.

CUANDO NADIE CREE EN TI

Como muchos niños, admiraba a mi padre, un detective y antiguo militar. Él y mis tíos practicaban artes marciales, y a la edad de cinco o seis años, ya sentía fascinación por éstas y suplicaba persistentemente a mi padre que me mostrara movimientos y me "entrenara". Crecí deseando ser un gran luchador, pero nadie tomaba en serio a este niño de baja estatura, especialmente a uno que también tenía la cabeza enterrada en libros de filosofía la mayor parte del tiempo.

La gente me decía que era extraño y loco. Tenía tantas preguntas sobre el mundo que me rodeaba, y finalmente me sentí validado cuando descubrí los escritos de los grandes filósofos. Comencé a leer a Darwin y consumí todo lo que pude encontrar sobre filosofía griega. Aunque asistía a una escuela católica, estudié las enseñanzas de varias religiones: musulmana, budista e incluso creencias gnósticas. Entre los 13 y los 16 años, escribí más de 100 ensayos sobre filosofía y psicología. Estudiando constantemente la forma en que las personas se movían y se comportaban, noté, por ejemplo, la diferencia en la forma en que las personas interactuaban con sus amigos en comparación con sus familias. Todo eso me resultaba fascinante.

Como adolescente, comencé a estudiar filosofía y meditación seriamente, y la negatividad de mis primeros años de infancia comenzó a cambiar drásticamente. Me inscribí en un programa de filosofía en una de nuestras escuelas locales, y era el único joven en una clase llena de adultos. Sin darme cuenta de que estaba subsidiado por donaciones y apoyo estudiantil, cuando llegó el momento de hacer una contribución, una mujer de buen corazón en mi clase hizo una donación en mi nombre cuando vio que no tenía nada que dar. Gracias a su generosidad, pude continuar mis estudios, y todavía siento una profunda gratitud hacia ella.

Durante este tiempo, también continué diligentemente mi entrenamiento en artes marciales, decidido a demostrar que los incrédulos estaban equivocados. A veces, los pensamientos y sentimientos subconscientes de mi infancia regresaban y me enfrentaba a desafíos. Pero ahora, estaba equipado con los principios de la sabiduría antigua y las enseñanzas para ayudarme a superar los pensamientos y sentimientos negativos, cambiar proactivamente a una mentalidad positiva y volver al buen camino.

CAMBIOS EN LA VIDA Y UNA NUEVA DETERMINACIÓN

Cuando tenía 15 años, una exhibición del campeón mundial de kickboxing Bill "Superfoot" Wallace en mi ciudad natal cambió el rumbo de mi vida. Quedé asombrado por su capacidad, maestría y disciplina, y esa misma noche decidí que quería convertirme en campeón mundial. Decidí que ME CONVERTIRÍA en campeón mundial. Entrenaría, aprendería y trabajaría más duro que nadie y no permitiría que nada me detuviera para alcanzar mi objetivo. Por supuesto, cuando compartí mis pensamientos con los demás, se burlaron y se rieron de mí, pero yo estaba aún más fuerte en mi convicción, mi decisión estaba tomada y comencé a hacer mi plan.

En el verano de ese mismo año, nuestro padre se fue y de repente mi madre estaba divorciada y luchando por alimentar, vestir y educar a tres hijos. Tenía que trabajar largas horas para cubrir nuestras necesidades básicas, así que no podía ayudarme con "lujos" como entrenar para convertirme en campeón mundial. No teníamos los medios económicos para nada más que necesidades básicas, e incluso eso era una lucha. Fue un gran obstáculo, y algunos podrían haber permitido que eso los detuviera o que pusieran sus sueños a un lado. Sin embargo, sabía que TENÍA que lograr que esto funcionara, y tendría que lograrlo por mi cuenta.

Comencé a trabajar en todos los empleos que pude encontrar para ganar incluso pequeñas cantidades de dinero, sabiendo que cada poquito ayudaría. Lavaba platos, ayudaba a las personas a llevar sus compras al auto, barría pisos e incluso caminaba varias millas de ida y vuelta a la escuela para ahorrar el dinero del autobús y así poder pagar la matrícula del entrenamiento. Estaba decidido a alcanzar mi objetivo y sabía que cada pequeño esfuerzo me ayudaría a acercarme más a él.

A veces era difícil, especialmente cuando enfrentaba circunstancias complicadas o influencias negativas de personas cuyos "consejos" o desaliento podrían haber disminuido mi fe. Sin embargo, de alguna manera logré mantener mi mente fuerte y mi enfoque en lo QUE QUERÍA, en lugar de centrarme en los obstáculos o las influencias negativas de los demás.

CREER Y MANTENER EL RUMBO

Poco a poco, pequeñas oportunidades comenzaron a cruzarse en mi camino y, finalmente, pude encontrar trabajo en una escuela de artes marciales limpiando pisos, baños y espejos. Nunca consideré que estas tareas fueran inferiores, sino más bien las tomé como una oportunidad, porque me propuse ser el mejor limpiador de pisos/baños/espejos, pronto obtuve más responsabilidades y finalmente pude comenzar a ayudar en las clases de artes marciales. Me di cuenta de que al hacer todo con el mejor esfuerzo y entusiasmo, se abrirían las puertas a oportunidades cada vez mejores. ¡Y además el proceso me hacía sentir bien!

Este trabajo me permitió entrenar y mejorar mis habilidades en artes marciales y kickboxing, y después de un par de años de trabajo arduo y entrenamiento constante, llegué con orgullo a convertirme en el Campeón Nacional de Chile. Solo tenía dieciocho años y fue un logro enorme. Mantuve mi título durante los siguientes tres años, pero mis ojos aún estaban puestos en el título mundial. Desafortunadamente, mis posibilidades de ganar dicho título eran improbables si me quedaba en Chile. A los 21 años, sabía que tenía que ir a Europa o Estados Unidos, donde había más eventos, más promotores y más oportunidades para alcanzar mi objetivo final.

VENIR A AMÉRICA

Expresar gratitud es una parte importante del proceso de lograr el éxito, y mi viaje a Estados Unidos comenzó con dos actos increíbles de bondad por los cuales estaré eternamente agradecido.

El día antes de partir de Chile, visité a mi amado Tata para despedirme. Hasta el día de hoy, me conmuevo hasta las lágrimas al recordar el regalo que me dio ese día con tanto amor y dedicación: 40 dólares. Aunque para muchos puede ser una pequeña cantidad, era el ahorro de toda su vida, guardado centavo a centavo en una pequeña caja de cartón que llevaba consigo. Era su manera de demostrarme que me amaba y me apoyaba. Nunca olvidaré su generoso regalo, que no se trataba del dinero, sino de un regalo invaluable de compasión y fe que atesoraré para siempre en mi corazón, sabiendo que él creía en mí.

Otras personas que ayudaron a hacer posible mi búsqueda fueron mi tía Elizabeth y mi tío Jaime, quienes vivían en Virginia y me brindaron la oportunidad de quedarme con ellos durante mi primer año en Estados Unidos, y me dieron mi primer trabajo en su empresa de limpieza.

Y así, sin mirar atrás, dejé mi tierra natal de Chile y llegué a América con los 40 dólares de mi Tata, un par de pantalones y camisas, algunas cintas de música y mis uniformes de artes marciales. Tenía veintiún años y hablaba muy poco inglés, pero estaba aquí para cumplir mi sueño de convertirme en el campeón mundial de peso ligero en kickboxing.

UN NUEVO APODO

Me establecí una rutina ambiciosa, trabajando como limpiador hasta altas horas de la noche, repartiendo periódicos en las primeras horas de la mañana y entrenando siempre que tenía la oportunidad. También comencé a buscar un promotor que me representara, pero mi cara de bebé resultaba ser un obstáculo. ¡Nadie creía que tuviera la edad suficiente para pelear! Las cosas definitivamente parecían desesperanzadoras en ocasiones, y los desafíos eran muchos.

Era un chico ingenuo cuyas habilidades en un nuevo idioma no eran las mejores. El mundo del kickboxing es un negocio duro, donde la mayoría de los ingresos van para los promotores y el luchador real soporta el castigo físico por solo 200 o 300 dólares por pelea como máximo. A menudo conducíamos durante toda la noche para llegar a un evento y nos dirigíamos directamente al pesaje. Peleaba y luego conducíamos de vuelta a casa porque no había presupuesto para alojamiento en hoteles. Si bien el pago estaba lejos de ser suficiente para cubrir las facturas, sabía que estaba construyendo mi reputación y mi nombre, que ahora incluía un nuevo apodo: ahora me presentaban como Marco "Babyface"(Cara de Bebé) Sies.

En esos primeros años, conocí a personas que me prometieron entrenamiento, peleas y otros "acuerdos", pero no entendía nada sobre contratos y era tan ingenuo que asumía que nadie sería poco ético o tendría malas intenciones. En un momento, me convencieron de viajar a California con la promesa de mucho dinero por solo un par de peleas. Pasé dos meses allí y nunca me pagaron ni un centavo. Regresé a la Costa Este sin nada, sin trabajo, sin dinero y sin un lugar para vivir.

PERDERLO TODO

En este punto de mi vida, me encontré sin hogar y no sabía de dónde vendría mi próxima comida. No quería ser una carga para mi tía y mi tío porque tenían problemas propios. Así que, durante un par de meses, dormí en mi auto o en uno de mis trabajos de limpieza después de hora. Para comer, me paraba afuera de diferentes supermercados y le pedía a la gente una moneda para hacer una llamada telefónica en lo que eran en esa época teléfonos públicos, y cuando tenía justo las monedas suficientes, compraba un jugo de naranja y una barra de Snickers o un pan.

A pesar de estos grandes contratiempos, estaba tan enfocado en convertirme en campeón mundial que nunca perdí la fe. Mis pensamientos estaban puestos en lograr ese resultado final y hacer lo que fuera necesario para llegar allí. Y pronto, poco a poco, las cosas comenzaron a cambiar. Sin saber por qué, aceptaba todo lo que experimentaba como parte de mi viaje. De alguna manera, sabía que estaba siendo guiado cada vez más cerca de mi destino a través de estas pruebas. Ahora miro hacia atrás sobre estas dificultades con gratitud por las lecciones que aprendí. En retrospectiva, me doy cuenta de que cada prueba me dio el conocimiento y las herramientas que necesitaba para convertirme en campeón mundial de kickboxing. Incluso durante los peores momentos, aún creía sinceramente que estaba en el camino para convertirme en campeón mundial. Pasaba tiempo meditando cada día y mi enfoque en esas meditaciones no estaba en mi situación actual, sino en mi sueño de dónde quería estar.

En unos pocos meses, me recuperé y, aunque tuve que trabajar aún más duro para sustentarme, no me preocupaba. Sabía que todo era parte del proceso.

No podía permitirme un gimnasio de boxeo, así que hice lo que tenía que hacer para entrenar. Encontré un viejo sofá cerca de un basurero, quité los cojines, los amarré a un árbol y ¡eso se convirtió en mi saco de boxeo! Entrenaba en el estacionamiento de un centro comercial local, subiendo y bajando las escaleras, hacía piques en un parque cercano y también entrenaba en el bosque y las montañas cercanas. Utilizaba todos los medios que se me ocurrían para continuar con mi entrenamiento todos los días, ya fuera bajo el sol caliente, la lluvia o la nieve.

APARECE UN GANADOR

A pesar de mi primer combate televisado desastroso, otro gran combate finalmente se cruzó en mi camino y cambió el rumbo de mi carrera.

De hecho, noqueé al favorito local en una impresionante victoria en Rochester, Nueva York. Fue mi primer título en Norteamérica y ¡estaba profundamente emocionado!

Al día siguiente, me dijeron que el presidente del Consejo Internacional de Kickboxing, el Gran Maestro Keith Nesbitt Sr., quería hablar conmigo. Quedó impresionado por mi actuación la noche anterior y tenía curiosidad por saber cómo entrenaba. Se sorprendió al escuchar que no tenía instalaciones de entrenamiento y se conmovió profundamente por mi historia.

Cuando regresé a casa, descubrí que me había enviado con sus asociados todo tipo de equipos para que pudiera entrenar correctamente. Todo lo que podría haber soñado para entrenar, él lo envió.

Hasta el día de hoy, estoy muy agradecido por el maravilloso gesto de este amable Gran Maestro, cuya compasión me conmovió hasta lo más hondo y siempre tendrá mi más profunda gratitud, respeto y admiración.

MÁS ALLÁ DE MIS SUEÑOS DE LA INFANCIA

Después de esa victoria, vinieron muchos combates, así como un gran equipo de entrenadores y seguidores. Y finalmente, en el año 2000, después de doce años de acondicionar mi mente y mi cuerpo y enfrentar innumerables desafíos, contratiempos y obstáculos, llegó el día que había soñado durante lo que parecía toda una vida.

Fui elegido Campeón Mundial de Kickboxing en la categoría de peso súper ligero profesional, de contacto completo, de la USKBA. La alegría, la emoción, el orgullo y la gratitud que me embargaron en ese momento siempre estarán conmigo. Cuando anunciaron mi nombre, tantos recuerdos e imágenes regresaron a mí... el momento en que tomé la decisión a los 15 años de convertirme en campeón mundial... la escena emocionante de mi Tata mostrando su amor y fe en mí... la desesperación de estar sin hogar y sin dinero... todos los dolores, esfuerzos y esperanzas en el camino. Finalmente, estaba en mi destino. Fue una llegada increíble y todavía pienso en ello con mucha emoción.

CAMPEÓN MUNDIAL GRAN MAESTRO MARCO SIES

28 | ACADEMIA DEL MÉTODO MAESTRO

Marco Sies ha entrenado en artes marciales durante más de cuatro décadas, incluyendo kickboxing de contacto completo, Muay Thai, Karate, Shotokan, Goju Ryu, Kyokushin, Tae Kwon Do, Hapkido, Jiu Jitsu y boxeo profesional. La siguiente línea de tiempo destaca muchos de sus logros y honores en competencias, artes marciales y negocios.

1992. Campeón Nacional Profesional de Kickboxing Low Kick Peso Pluma de WAKO Chile

1997 Campeón Profesional de Kickboxing Peso Pluma de IKC
Campeón Profesional de Kickboxing Peso Ligero de KIKA

2000 Campeón Mundial de Kickboxing de Contacto Completo Profesional Peso Super Ligero de USKBA

2002 Campeón Mundial de Kickboxing de Contacto Completo Profesional Peso Ligero de WWKF

2003 Campeón Mundial de Kickboxing de Contacto Completo Profesional Peso Ligero de PKF

2004 Campeón Mundial de Kickboxing de Contacto Completo Profesional Peso Ligero de WPKO

2005 Campeón Mundial de Kickboxing de Contacto Completo Profesional Peso Súper Ligero de KICK
Campeón Mundial de Kickboxing de Contacto Completo Profesional Peso Ligero de USKBA

2010 Presentó el programa de televisión "The Master Method" durante 4 años

2011 Otorgado el cinturón negro de quinto grado en Hapkido por el Gran Maestro Jin Pal Kim

2011 Fundó la academia de artes marciales "The Master Method Academy" (4 ubicaciones y mil estudiantes)

2018 Fundador y Presidente de la Federación Internacional de Artes Marciales Uchudo

2020 Otorgado el cinturón negro de décimo grado por el Gran Maestro Keith Nesbitt Sr.

Salones de la Fama y Otros Honores

2002 Incluido en el Salón de la Fama Mundial de Karate como una Leyenda del Kickboxing

2005 Honrado con una tarjeta oficial de intercambio de la USKBA

2008 Incluido en el Salón de la Fama de la Organización Mundial de Artes Marciales Profesionales como Maestro Instructor del Año, en el Madison Square Garden, presentado por el Gran Maestro Aaron Banks

2013 Incluido en el Salón de la Fama Internacional de las Artes Marciales como Destacado Líder de las Artes Marciales, en Martial Arts World, presentado por el Gran Maestro Y.K. Kim

2019 Honrado con el Premio Cinturón Negro del Gran Maestro Supremo, de la Asociación Internacional MPower, presentado por John Cokinos, CEO

2021 Destacado en *The World's Greatest- Vol.32: Salón de la Fama de los Maestros de las Artes Marciales*

2021 Destacado en *Changing Lives Series - Vol. 6: Homenaje a Ernie Reyes*

Gran Maestro Marco también ha entrenado a cinco campeones mundiales de kickboxing, así como a tres campeones internacionales y tres campeones nacionales de Estados Unidos.

AYUDANDO A OTROS A TRAVÉS DE MIS EXPERIENCIAS

A lo largo de los años, la fe en mí mismo se hizo aún más fuerte. Continué entrenando con el equipo de Sugar Ray Leonard en el área de Washington DC y eventualmente gané otros seis títulos mundiales.

En 2005, me retiré del ring y centré mi atención en la instrucción de artes marciales. Fundé las Academias The Master Method, la Federación Internacional de Artes Marciales Uchudo y dediqué mi tiempo a servir a mis estudiantes y a la comunidad, tanto a nivel local como internacional.

Con el paso de los años, logré el éxito, no solo en el ring, sino también en otros aspectos de mi vida. Ahora entiendo que todos nos beneficiamos a través de nuestros desafíos, y gracias a esta comprensión, puedo enfrentar nuevos obstáculos de manera más positiva y efectiva, reconociendo rápidamente los beneficios de cada uno.

Todas mis experiencias, tanto buenas como malas, me han llevado a la vida que tengo el privilegio de vivir hoy en día, brindándome las herramientas necesarias y la fe en mis propias capacidades... no solo para lograr el éxito en mis finanzas, mi carrera, mi salud y mis relaciones, sino, lo más importante, para disfrutar de la verdadera felicidad con mi familia.

Amo mi vida y reconozco que la he creado proactivamente. Cometí muchos errores en el camino, pero aprendí lecciones valiosas, y cada día encuentro nuevas razones para ser feliz y para mirar el futuro con optimismo. Cuando se me presenta un nuevo desafío procuro recibirlo con humildad, gratitud y confianza, sabiendo que sin duda me llevará a descubrir nuevos caminos. Siempre estaré en mi propio viaje dedicado a seguir progresando, esforzándome por ser mejor hoy que ayer. Finalmente puedo decir que he dejado atrás a ese niño inseguro y lleno de dudas y he encontrado la verdadera paz interior. Ahora te invito a explorar y aplicar en tu propia vida esta guía para el pensamiento positivo, utilizando el método que me ayudó a lograr tanto a lo largo de los años: "El Método Maestro".

POR QUÉ DESARROLLÉ EL MÉTODO MAESTRO

Cuando me retiré de la lucha en 2005, se me ofreció un trabajo atractivo en uno de los programas de lucha extrema en la televisión. Aunque sin duda era una posición prestigiosa y con mucha exposición personal, no lo consideré como una opción. Quería producir un impacto a través de la educación.

Mi carrera en la lucha nunca se trató de títulos, dinero o fama, se trataba de esforzarme por alcanzar mis metas, descubrirme a mí mismo y ser lo mejor que pudiera cualquiera fuera el objetivo que persiguiera. Quería ayudar a otros a lograr sus propios éxitos.

"El Método Maestro" va más allá de la filosofía y te guía a través de poderosos pasos para aplicar la sabiduría de los antiguos maestros y los profesores modernos en tu vida diaria.

Hay muchos libros y videos de autoayuda y motivación en el mercado. Muchos se enfocan en el éxito en los negocios, lograr armonía en las relaciones, cómo mejorar la salud, perder peso o cómo encontrar la paz interior. Mi objetivo con esta guía para el pensamiento positivo no es solo inspirarte, sino también mostrarte CÓMO tener éxito en todas las áreas de tu vida.

Presento el Método Maestro de 5 pasos para compartir años de estudio y sabiduría colectiva en un solo libro. Esta guía te ayudará a crear y condicionar la mentalidad ganadora necesaria para tener éxito, y te guiará para mantener un pensamiento positivo cuando te enfrentes a obstáculos y barreras que inevitablemente se presentarán.

Si cambio miles de vidas con este libro o simplemente una vida para mejor, entonces habré alcanzado mi mayor logro hasta ahora.

CÓMO USAR EL MÉTODO MAESTRO

Esta guía para una mentalidad triunfadora contiene un sistema paso a paso para formar hábitos mentales y ejercicios importantes para implementar esta ecuación probada para alcanzar el éxito. No importa en qué etapa te encuentres en tu vida... joven o viejo... pobre o privilegiado... ya sea que esperes hacer un cambio completo o simplemente algunas mejoras... seguir el Método Maestro de 5 pasos te ayudará a obtener herramientas para apreciar y disfrutar esta hermosa vida que cada uno de nosotros tiene.

A medida que avances en los capítulos, aprenderás cómo se entrelazan los elementos del círculo del Método Maestro para trabajar juntos. También te darás cuenta de la gran importancia de poner en práctica los ejercicios del libro en tu vida diaria.

Comenzar esta aventura de un nuevo pensamiento puede requerir consultar frecuentemente secciones del libro para recordarte puntos específicos. Pero con el tiempo, las ideas, conceptos y ejercicios se volverán naturales, y antes de darte cuenta, descubrirás que el Método Maestro se ha convertido en una forma de vida, una forma de vida que te empoderará para vivir tus sueños con una mentalidad triunfadora.

LO QUE APRENDERÁS

El Método Maestro consta de una serie de 5 pasos para lograr tus éxitos una y otra vez. Siguiendo estos pasos, primero crearás una visión detallada de la vida de tus sueños y los deseos de tu corazón. A continuación, aprenderás y practicarás técnicas para condicionar y fortalecer tu mente a través de ejercicios de gratitud, humildad, positividad, fe en tu plan y paciencia.

Luego, desarrollarás proactivamente un mapa infalible para tu viaje con acciones que te mantendrán avanzando hacia tus sueños. Aprenderás técnicas para ayudar a mantenerte en el camino cuando te enfrentes a desafíos inevitables, para que puedas ganar esas batallas como un verdadero campeón mundial.

En el último capítulo, verás cómo todos los pasos del Método Maestro funcionan juntos, empoderándote para tomar el control y crear el éxito en todas las áreas de tu vida. También revisaremos el método completo y te proporcionaremos herramientas útiles y consejos motivacionales para mantener el rumbo y superar todas las barreras.

TU VIAJE COMIENZA AHORA

¿Estás listo para abrir tu mente y tomar el control de tu futuro? Si es así, estás a punto de embarcarte en un emocionante viaje... un viaje hacia una vida de paz, éxito, prosperidad, alegría y plenitud: tu vida. Será tu vida ideal; aquella que creas, moldeas y te enorgulleces con cada pequeño logro. Una vez que tomes el control, tendrás el poder de alcanzar sistemáticamente tus metas, mejorar tu salud, tus relaciones y tus finanzas, y lo más importante, fortalecer tu mente y tu espíritu.

No importa cuántos fracasos hayas sufrido... no importa lo mal que te sientas física o emocionalmente... no importa cuántas relaciones poco felices hayas tenido o problemas financieros que hayas enfrentado: este puede ser tu nuevo comienzo. Incluso si te sientes satisfecho con tu vida actual, el Método Maestro te guiará para hacer de una buena vida una vida grandiosa, o de una gran vida, una aún mejor.

¡Comencemos!

PASO 1: DECIDIENDO LO QUE REALMENTE QUIERES:

CREA HÁBITOS MENTALES PARA DEFINIR DÓNDE ESTÁS, TRIUNFAR SOBRE CUALQUIER DESAFÍO Y TRANSFORMAR CUALQUIER ÁREA DE TU VIDA

A finales de la década de 1980, uno de los más grandes campeones de kickboxing de todos los tiempos, Bill "Superfoot" Wallace, realizó una exhibición en Santiago. Para mí, como un adolescente interesado en las artes marciales, fue increíblemente emocionante ver a alguien de su talla profesional. Quedé completamente impresionado y asombrado por su talento. Me inspiré tanto en sus habilidades que en ese mismo momento decidí que quería convertirme en campeón mundial. A partir de ese día, eso fue lo único en lo que podía pensar. Me enfoqué en ese sueño y todo lo que hice en mi vida se convirtió en mantenerme en mi camino y trabajar hacia esa meta.

Por supuesto, cuando compartí mis aspiraciones con mi familia, amigos e incluso aquellos con los que entrenaba en artes marciales, la mayoría me dijo que estaba loco o se burlaron de mí... ¡algunos incluso se rieron de mí! Nadie entendía por qué quería hacer esto, y mucho menos me apoyaron o creyeron en mi sueño. Sin embargo, de alguna manera, no permití que sus reacciones disminuyeran mi propia convicción. Sabía en mi corazón lo que quería lograr y estaba dispuesto a hacer lo que fuera necesario para lograrlo.

TODO ESTÁ EN TU MENTE

Los seres humanos podemos procesar miles de pensamientos en nuestros cerebros todos los días. Algunos son pensamientos pasajeros que pueden no tener mucha importancia, como:

- Qué ponerme
- El clima
- Cuál zapato ponerme primero
- Cereal o huevos para el desayuno
- Día de buen cabello / día de mal cabello
- Cuánto café verter en la taza
- Papel o plástico en el supermercado

Y otros pensamientos parecen ser mucho más significativos:

- Odio mi trabajo
- Amo pasar tiempo con mis hijos
- Cómo voy a pagar las cuentas este mes
- Mi esposo/a me critica otra vez y odio que lo haga
- Cuando hago trabajo voluntario en el hospital, me siento feliz
- Me siento gordo/a y odio mi cuerpo
- No sé qué hacer con mi vida

Todos procesamos una variedad incalculable de pensamientos: pensamientos pequeños, insignificantes y pasajeros, así como pensamientos sostenidos, reflexivos y habituales. Es imposible estar consciente y monitorear cada uno de ellos. Pero créelo o no, tus pensamientos y sentimientos pasados han influido en las situaciones y circunstancias que estás experimentando en el presente, y tienes la capacidad y el poder de cambiar tus pensamientos y sentimientos ahora para crear un futuro mejor.

> *Todos los avances que necesitas en la vida están esperando en tu propia imaginación. La imaginación es el taller de tu mente, capaz de convertir la energía de tu mente en logros y riqueza.*
>
> — NAPOLEON HILL

LA CONEXIÓN ENTRE PENSAMIENTO, SENTIMIENTOS Y ENERGÍA

Todo comienza con un solo pensamiento. Ese pensamiento genera sentimientos, y esos sentimientos generan energía. La energía, ya sea positiva o negativa, atrae más experiencias y circunstancias con una energía similar. Por lo tanto, la realidad actual de cada persona es el resultado de los pensamientos, los sentimientos correspondientes y la energía generada en el pasado.

El proceso de pensamiento, ya sea consciente o inconsciente, conduce a la creación de situaciones, circunstancias, relaciones y oportunidades en nuestras vidas. Muchas personas asumen que cada situación y circunstancia que enfrentan es aleatoria, basada en la suerte o fuera de su control. Por lo tanto, viven sus vidas de manera reactiva, respondiendo a circunstancias, situaciones y personas al azar, y sintiéndose impotentes y a merced del destino.

El universo, desde sus galaxias más distantes o sus planetas más grandes, hasta las partículas más pequeñas en un solo átomo, existe como energía. La energía nunca se detiene. Está constantemente cambiando de una forma a otra y es eterna en el tiempo.

— GRAN MAESTRO MARCO SIES

¡TIENES EL PODER DE TOMAR EL CONTROL!

¡Tienes más control sobre tu vida de lo que crees! Cada pensamiento que fluye por nuestra mente produce sentimientos correspondientes, ya sean positivos o negativos en su naturaleza. Los sentimientos que estamos experimentando se convertirán en energía a nuestro alrededor, también positiva o negativa en su naturaleza, lo cual atraerá a personas, circunstancias y situaciones con una energía similar. Y así, nuestros sentimientos y la energía resultante son las claves de lo que finalmente se manifiesta en nuestras vidas. Y ¿qué controla nuestros sentimientos? Nuestros pensamientos, por supuesto.

Los científicos cognitivos creen que al menos el 95% de todos los pensamientos son pensamientos inconscientes, por lo que en la mayoría de los casos ni siquiera estamos conscientes de ellos. Si bien la mayoría de los pensamientos no generan sentimientos profundos, de una u otra manera otros sí pueden producir sentimientos fuertes y poderosos que afectarán nuestra energía, lo cual a su vez afecta cada situación y circunstancia que encontramos. Así que hablemos sobre energía.

COMPRENDIENDO LA ENERGÍA

Antes de aprender cualquier otra cosa sobre cómo lograr una vida de éxito, felicidad y verdadera paz, y antes de dar el siguiente paso en nuestro viaje, primero debemos entender un poco sobre este asombroso universo en el que vivimos.

Somos seres de energía, al igual que todo lo que nos rodea. Si descomponemos cualquier cosa viva o inerte en sus partículas más pequeñas, hasta llegar a sus moléculas, átomos e incluso los componentes más pequeños de esos átomos, nos encontramos con las partículas más diminutas de energía en constante movimiento y vibración.

Nosotros, los seres humanos, al descomponernos en nuestros órganos, tejidos y células, podemos reducirnos a partículas más pequeñas y más pequeñas, hasta llegar a nuestros átomos, y esos átomos pueden descomponerse aún más en sus componentes: protones, neutrones y electrones. Las partículas más diminutas de estas están en constante movimiento vibratorio, lo que hace que cada persona formada por estas partículas esté también en un estado de vibración.

Si lo observamos de manera muy simplista, los átomos que vibran con la misma energía se unen para formar partículas más grandes. Esas partículas similares se complementan, se reproducen, crecen o atraen más partículas formando partículas cada vez más grandes y, eventualmente, formando cosas inertes o seres vivos. Esta atracción, crecimiento y estructura energética es la base de todo lo que ocurre en el universo.

Cuando tú, como entidad humana, "vibras" de manera positiva o negativa, a través de tus pensamientos, sentimientos, palabras o acciones, atraes más de esa vibración similar a tu vida. Esta atracción de energía y vibración similar puede manifestarse en forma de personas, situaciones o circunstancias que influirán positiva o negativamente en tu vida. Comprender este sencillo concepto universal es la base para crear la vida que deseas.

TÚ ERES EL CREADOR DE TU PROPIA REALIDAD

TÚ tienes el poder de controlar cómo estás vibrando, positiva o negativamente. Por lo tanto, la capacidad de atraer todo lo que deseas a tu vida es tuya. Tienes el poder de crear tu propia realidad maravillosa, con la fe de que el universo está de tu lado.

Utilizando el Método Maestro como tu guía, ya no serás un mero espectador o víctima pasiva de circunstancias incontrolables a tu alrededor. Ya no vivirás reactivamente una vida de aleatoriedad y preocupación. Ya no tendrás que esperar o preguntarte si todo saldrá bien. En cambio, te convertirás en un creador activo, un inventor de pensamientos, sentimientos y energía positiva que elevará tu estado de ser viviente. Tendrás fe en que, sin importar las experiencias que enfrentes, estás adquiriendo sabiduría y avanzando cada vez más hacia tus metas.

Es extremadamente importante darte cuenta de que tus pensamientos y sentimientos PASADOS han creado las situaciones y circunstancias que estás experimentando en el presente. Tu situación actual es el resultado de los sentimientos que ya has experimentado, y debes tener presente que esos pensamientos y sentimientos están en el pasado. No existen en este momento si tu no los dejas. Más importante aún, tienes la capacidad y el poder de crear una nueva realidad para ti simplemente cambiando la forma en que piensas. Esto cambiará cómo te sientes, y estos nuevos sentimientos positivos se traducirán en un cambio positivo en las personas, situaciones y circunstancias que entran en tu vida. Esto vale la pena repetirlo: *TÚ ERES EL CREADOR DE TU REALIDAD.*

Entonces, a medida que leas más y comiences los ejercicios que recomienda este libro, recuerda la importancia que la energía tiene en todo lo que haces. Para construir la vida que deseas en todas las áreas (carrera, finanzas, relaciones, salud y paz interior), debes prestar atención a cómo estás "vibrando". ¿Qué tipo de energía estás emitiendo? ¿Positiva o negativa? ¿Qué estás atrayendo a tu existencia?

Y así, para resumir: Los pensamientos por sí solos no tienen mucho poder. Sin embargo, los *sentimientos* producidos por esos pensamientos, especialmente los sentimientos intensos, tienen el asombroso poder de cambiar nuestras vidas. Esos sentimientos, comportamientos y acciones resultantes son la clave para crear nuestra realidad deseada. Al elegir "vibrar" de manera positiva, podemos crear resultados positivos y, en última instancia, una vida verdaderamente maravillosa.

EL PODER DEL PENSAMIENTO

Todos hablan sobre el poder del pensamiento positivo, ¿pero cómo exactamente mantenemos nuestros pensamientos positivos? Sería una misión casi imposible si intentáramos controlar todos nuestros pensamientos. Tenemos pensamientos constantes en nuestras mentes día y noche, y sería una tarea abrumadora intentar hacerles seguimiento, y mucho menos asegurarnos de que todos sean positivos. Sin embargo, prestar atención a nuestros procesos de *pensamiento habituales* y sostenidos es más manejable, y en realidad es un indicador importante de cómo estamos vibrando y qué tipo de energía estamos atrayendo.

La manera más fácil de determinar qué tipo de energía estamos transmitiendo y atrayendo es simplemente hacernos la pregunta: *¿Cómo me siento?*

Responder a esta pregunta básica puede comenzar a darte una imagen más clara del tipo de energía que estás creando en este momento de tu vida. Reconocer tus sentimientos y energía es muy poderoso, y si te das cuenta que tus sentimientos son negativos, no te preocupes, porque todo puede cambiar. Ahora que entiendes la importancia de la conexión entre pensamientos, sentimientos y energía, comencemos el trabajo real de cambiar algunos de tus procesos de pensamiento habituales y sostenidos ¡para bien!

¡NO QUIERO ESTO. SÍ QUIERO AQUELLO!

Antes de navegar hacia cualquier destino, primero debes conocer tu punto de partida. Luego puedes usar tu brújula, mapa, instrucciones o GPS para ayudarte a llegar a donde quieres ir.

Comencemos este viaje reconociendo cuál es tu situación actual en la vida y cómo te sientes acerca de cada aspecto de ella. Marca el comienzo de tu transformación comprometiéndote en este momento a ser un participante activo en el proceso.

ESCRÍBELO

Tu primera acción en este proceso de crear la vida que deseas será comenzar un diario. Cualquier cuaderno en blanco o papel servirá para escribir tus pensamientos, reflexiones, listas y ejercicios. El proceso de escritura es esencial como una herramienta muy poderosa para prepararte para una vida de satisfacción y logros. Le da poder a tus intenciones y te inspira para ser responsable contigo mismo.

En la primera página de tu diario, escribe una lista rápida de ideas en respuesta a las siguientes preguntas del Punto de Partida. Lee cada pregunta y comienza a escribir de inmediato. Responde con los primeros pensamientos y sentimientos que vengan a tu mente.

No hay respuestas incorrectas y no te preocupes por la redacción. Tus escritos son solo para ti, para verlos y evaluarlos, por lo que es extremadamente importante SER HONESTO al contestar estas y otras preguntas. Cuanto más honesto seas, más poderoso será este ejercicio.

EJERCICIO: PREGUNTAS DEL PUNTO DE PARTIDA

Responde las siguientes preguntas en la primera página de tu diario. Esta primera página te permitirá evaluar dónde te encuentras actualmente en tu vida. Recuerda, realiza esta lista de ideas bastante rápido, escribe los pensamientos que primero vienen a tu mente, y sé honesto. Puedes escribir en forma de viñetas, frases, palabras sueltas u oraciones completas. Tú decides. Solo escríbelo y exprésalo.

- Enumera algunos adjetivos o frases para describir el estado actual de mi vida.
- ¿Cómo me siento acerca de mi vida y las circunstancias actuales?
- ¿Qué amo de mí mismo? ¿De mi vida?
- ¿Qué no amo de mí mismo? ¿De mi vida?
- ¿Cuáles son mis sentimientos acerca de mi situación en las siguientes áreas:
  - Carrera
  - Finanzas
  - Relaciones
  - Salud
  - Paz Interior

Una vez que hayas escrito todo lo que puedas sobre las diferentes áreas de tu vida y tus sentimientos acerca de tu vida, ahora tienes una representación en blanco y negro, en papel, de cómo ves tu vida en este momento: tu realidad actual. Créelo o no, este primer ejercicio en tu diario será importante para crear la vida con la que sueñas, especialmente si escribiste sobre áreas de tu vida que no te gustan, que te generan estrés o que deseas cambiar.

LA LEY DE LA DUALIDAD

Reconocer y aceptar las cosas en tu vida que no te gustan será significativo en tu viaje debido a una importante ley universal llamada la Ley de la Dualidad o la Ley de los Opuestos. Esto consiste en entender que hay un opuesto para todo y que lo positivo y lo negativo se dan significado mutuamente. Si existe una entidad del mal, también existe una entidad del bien. Si experimentas sentimientos de tristeza, también puedes experimentar la felicidad. Si sufres escasez en tu vida, también existe la posibilidad de la abundancia. Oscuridad y luz, negro y blanco, alto y bajo, yin y yang... los opuestos representan el equilibrio perfecto y la contraposición de todas las fuerzas de la naturaleza y del universo, y esta contraposición de fuerzas opuestas y su equilibrio neutral es esencial para la creación y el sostenimiento de la vida.

En nuestras vidas, estos contrastes nos permiten apreciar uno u otro extremo del espectro. Saber que existe un extremo y haber experimentado ese extremo nos permite comprender y apreciar el otro. Además, cada opuesto tiene la capacidad de transformarse en su contraparte. Tan fácilmente como podemos experimentar uno, casi igual de fácilmente puede transformarse en el otro. Gracias a este contraste, podemos reconocer e identificar lo que queremos en nuestras vidas. Al observar, sentir y experimentar las cosas que no queremos, podemos reconocer más fácilmente lo que sí queremos para nosotros mismos en cada una de las áreas de nuestras vidas:

- Carrera
- Finanzas
- Relaciones
- Salud
- Paz interior

Es sorprendentemente sencillo dar este primer paso importante para cambiar tu vida. Al reconocer lo que no quieres, te darás cuenta de lo que sí quieres. Y una vez que sepas lo que quieres, el siguiente paso será aprender a enfocarte positivamente en ESO. ¡Y luego comienza la diversión de verdad!

EJERCICIO: LISTA DE LO QUE NO QUIERO / LO QUE QUIERO

Ahora vamos a organizar los pensamientos y sentimientos que generaste previamente, utilizando los pensamientos del Punto de Partida en el primer ejercicio de tu diario como guía.

1. Divide la siguiente página de tu diario en 5 secciones:

- Carrera
- Finanzas
- Relaciones
- Salud
- Paz Interior

Bajo cada sección, utilizando tu lista de ideas como referencia, enumera todas las cosas en cada área que te hacen infeliz, frustrado o te generan estrés; cosas que te gustaría eliminar, cambiar o mejorar. Esta es tu lista de LO QUE NO QUIERES.

2. En la página siguiente, crea tu lista de LO QUE QUIERES. Divide esta página en las mismas cinco secciones y escribe una lista correspondiente de las cosas que deseas para cada ítem que enumeraste en tu lista de LO QUE NO QUIERES.

Además, en tu lista de LO QUE QUIERES, puedes agregar otras cosas que DESEAS, incluso si no corresponden a los elementos de tu lista de LO QUE NO QUIERES. Piensa en lo que te apasiona, en lo que amas y en lo que realmente quieres para tu vida en cada una de las cinco áreas.

¡SUEÑA EN GRANDE! Y no permitas que tu mente te limite con pensamientos sobre cómo lo lograrías, cuánto costaría o cuánta capacitación requeriría, etc. ¡Simplemente sueña sin límites!

Nota: La lista de LO QUE NO QUIERO es especialmente útil en el proceso de transformación porque cuando comprendemos lo que no queremos, identificaremos lo que SÍ queremos por contraste. Luego podemos aprender a enfocarnos en eso y, como resultado, adquirir la capacidad de cambiar las cosas.

Ejemplo:

LO QUE NO QUIERES	LO QUE QUIERES
Un jefe que constantemente me critica	Un jefe que me elogia
Estar con sobrepeso y fuera de forma	Estar saludable, en forma y en mi peso soñado
Una relación en la que me siento vacío y triste	Una relación feliz, amorosa y pacífica
Sentirme estresado financieramente	Ser financieramente seguro y libre
	Ser dueño de mi casa de ensueño
	Comenzar mi propio negocio
	Sentir paz, felicidad y satisfacción

> *La vida es una serie de experiencias, cada una de las cuales nos hace más grandes, aunque a veces sea difícil darse cuenta de esto. Porque el mundo fue construido para desarrollar el carácter, y debemos aprender que los contratiempos y pesares que sobrellevamos nos ayudan a seguir adelante en nuestro camino.*
>
> — HENRY FORD

AVANZANDO Y LIBERÁNDOSE

¿Qué no te gusta de ti mismo? ¿Qué no te gusta de tu vida? Para algunos, formular esta lista de respuestas podría abrir una compuerta de emociones y autocrítica. Sin embargo, reconocer y aceptar las cosas que no te gustan de ti mismo y de tu vida es esencial en el proceso de crear la vida que deseas y convertirte en la persona que te gustaría ser. La conciencia de lo que no nos gusta nos permite darnos cuenta de lo que no queremos y, a través de las leyes de la dualidad u opuestos, podemos identificar lo que sí queremos para nosotros mismos. Solo entonces podemos comenzar el proceso de cambiar nuestro enfoque para avanzar.

Ten en cuenta que si bien reconocer y aceptar lo que no queremos es una parte productiva del proceso del éxito, ENFOCARNOS tanto en lo que no queremos hace que generemos y perpetuemos una sensación general de sentimientos negativos como tristeza, preocupación, enojo, desánimo, frustración o resentimiento que no es productivo. Puedes tener pensamientos como:

- Odio no tener suficiente dinero.
- No puedo permitirme las cosas que realmente quiero.
- No me gusta la forma en que ella me trata.
- No soporto mi trabajo.
- Odio mi cuerpo y nada funciona para mejorarlo.
- Si no fuera por él, sería mucho más feliz.
- Estoy atrapado en una vida que no puedo cambiar.

Reconocer y aceptar estos pensamientos y sentimientos es importante. Sin embargo, el siguiente paso es aún más importante: AVANZAR Y LIBERARSE DE ELLOS. Utiliza estos pensamientos y sentimientos como un trampolín para trabajar y crear lo que realmente quieres para ti mismo. Puedes cambiarlo si reconoces que puedes detener el ciclo de perpetuar la negatividad, y así estarás en camino hacia cosas buenas.

LA NEGATIVIDAD ATRAE NEGATIVIDAD

Permitir que nuestra mente sostenga pensamientos negativos y los consiguientes sentimientos negativos solo estimula la atracción de aún más experiencias y circunstancias con esa misma energía. La negatividad busca y atrae más negatividad.

Es así de simple.

Cuanto más te enfoques en lo que no quieres, pienses en lo que no quieres, hables sobre lo que no quieres, culpes a otros por lo que no quieres, te compadezcas a ti mismo por lo que no quieres y permitas que esas perspectivas negativas generen más sentimientos de tristeza, ira y frustración, más sentimientos y energía negativa producirás. Y sí, ya conoces el ciclo: atraerás circunstancias, situaciones y personas a tu vida que coincidan con esa vibración perjudicial.

PUEDES ROMPER EL CICLO

¡La gran noticia es que el ciclo negativo PUEDE romperse! La clave para romper el ciclo está en entender el concepto vital que repetiré una vez más porque es muy importante:

Tus pensamientos, sentimientos y acciones PASADOS han creado las situaciones y circunstancias que estás experimentando en tu presente, pero tienes la capacidad y el poder para cambiar tus pensamientos, sentimientos y acciones PRESENTES AHORA mismo para crear un futuro maravilloso.

Puedes comenzar a crear un futuro mejor para ti mismo/a en este momento. Puedes comenzar simplemente enfocando tus pensamientos de manera proactiva, intencional y positiva para sentirte bien. Este es otro concepto importante que quiero que siempre recuerdes. Si tuviera que dejarte solo dos palabras en una nota adhesiva para atraer la vida que deseas, te dejaría estas dos simples palabras:

Siéntete bien.

CÓMO SENTIRSE BIEN

Aquí está la receta: Haz todo lo que puedas (de manera saludable, positiva y dentro de lo razonable, ¡por supuesto!) para crear consistentemente buenos sentimientos dentro de ti.

- Piensa intencionalmente en pensamientos buenos y positivos.
- Rodéate de personas que amas.
- Escucha música que amas.
- Pasa tiempo en la naturaleza.
- Haz ejercicio.
- Ve a lugares que disfrutas.
- Participa en tus actividades favoritas.

Al mantener una energía positiva dentro de ti, mantendrás la positividad a tu alrededor. Como resultado, esta positividad atraerá aún más circunstancias, situaciones y personas que coincidan con esa buena vibración, lo que a su vez se multiplicará, dándote aún más razones para sentirte bien. Este ciclo positivo de experiencias y sentimientos te ayudará a avanzar en tu camino hacia el logro. Sin embargo, hay momentos en los que puede ser difícil mantener una actitud positiva o mantener pensamientos y sentimientos positivos, especialmente cuando enfrentamos desafíos o giros inesperados en el camino. A veces, como parte del camino hacia nuestras metas, experimentamos situaciones que no esperábamos ni deseábamos. Durante estos momentos, puede ser necesario reconocer que este conjunto de experiencias de aprendizaje nos ayudará a desarrollar el conocimiento, las herramientas o la fuerza que necesitamos para seguir avanzando en nuestro camino.

ERES HUMANO

Incluso los más fuertes de espíritu pueden debilitarse y experimentar sentimientos de frustración, enojo, desesperanza o derrota. Es perfectamente normal tener estos sentimientos. Y a veces, debemos permitirnos sentirnos débiles para poder apreciar nuestros maravillosos sentimientos contrastantes de fortaleza. Incluso puede aumentar nuestra energía y motivación para esforzarnos por mantener nuestros sentimientos positivos una vez que regresen. No olvides que experimentar contrastes nos recuerda lo que realmente queremos.

ELIGE EL CAMINO POSITIVO

¿Recuerdas la historia personal de mi primera gran pelea de boxeo en Estados Unidos al comienzo de este libro? Algunos podrían haber permitido que ese evento devastador pusiera fin a su carrera. Por supuesto, tuve sentimientos de decepción, desilusión, enojo y fracaso como cualquiera lo haría después. Pero elegí examinar la situación y buscar las lecciones que se podían aprender. Me recordé a mí mismo lo que estaba persiguiendo y pude convertirlo en una experiencia que me proporcionaría herramientas para acercarme más a mi destino.

La clave no es permitir que nuestros momentos difíciles se conviertan en sentimientos DE NEGATIVIDAD sostenidos. Permítete experimentar esos sentimientos naturales y haz un esfuerzo consciente por cambiarlos hacia una perspectiva más positiva. Siempre hay dos opciones que puedes tomar en cada situación que encuentres.

Ejemplo:

RUTA NEGATIVA	contra	CAMINO POSITIVO
Enfócate en lo que no te gusta de la situación	contra	Mantén una imagen clara en tu mente de lo que realmente quieres
Enfócate en lo que no quieres que suceda	contra	Recuerda lo bien que te sentirás al llegar a tu destino
Medita en lo mal que parecen las cosas	contra	Busca lo bueno de la situación, cómo te está fortaleciendo, cómo te beneficiarás más adelante.
Sentirse terrible y culpar a otros por tu miseria	contra	Enfócate en sentirte bien a pesar de las circunstancias
Permite que los miedos y las preocupaciones distorsionen la forma en que ves la situación.	contra	Encuentra una actividad y cambia tu enfoque a algo que te haga sentir bien.

Recuerda, siempre hay una semilla de beneficio en cada situación que nos encontramos, incluso si no puedes verla de inmediato. Búscala. Con paciencia, tiempo y cambiando tu hábitos de pensamiento, saldrá a la luz. Entonces, al igual que en la vieja canción, acentúa lo positivo: concéntrate en lo que quieres y elige SENTIRTE BIEN.

EJERCICIO: LISTA SENTIRSE BIEN

A continuación, en tu diario, comienza una lista de pensamientos, cosas, personas y actividades que te hacen sentir bien, te traen alegría, te hacen sonreír y te dan sentimientos de felicidad. ¡Puede ser cualquier persona, o cualquier cosa! Cuando necesites un empujón de energía positiva, usa esta lista para recordarte, inspirarte y motivarte a sentirte bien. A veces necesitamos recordatorios para hacer las cosas que disfrutamos, apreciar nuestros seres queridos y darnos tiempo para cambiar de nuevo a un estado de ánimo y corazón positivos. Tu lista para SENTIRSE BIEN es personal, y solo tú puedes decidir qué incluir en tu lista. Un ejemplo de una lista para SENTIRSE BIEN es la mía, que se ve así:

- Disfrutar el tiempo con mi familia y crear recuerdos con ellos
- Pasar tiempo en Hawaii
- Pescar
- Escuchar mi musica favorita
- Experimentar la naturaleza - plantas, animales, montañas, y el océano
- Enseñar a mis alumnos
- Meditación y oración

El único que puede interponerse en el camino de tu éxito, y el único enemigo que tendrás que derrotar en tu viaje, eres tú mismo. Recuerda, solo alrededor del 5% de los pensamientos de la mente humana son pensamientos conscientes, y el otro 95% son subconscientes. Estos son pensamientos y sentimientos almacenados en nuestros cerebros y basados en experiencias de nuestro pasado, incluso desde la infancia. Algunos creen que incluso somos afectados por experiencias anteriores a la infancia. Cada experiencia pasada y todos los pensamientos y sentimientos asociados con esas experiencias se almacenan en nuestras mentes subconscientes, y ni siquiera estamos conscientes de la mayoría de ellos. Haciendo tu lista para sentirse bien, refiriéndote a ella a menudo y elegir actividades positivas, puedes comenzar a crear una mentalidad general positiva y ganadora simplemente sintiéndote bien.

ROMPE LAS BARRERAS SIMPLEMENTE SINTIÉNDOTE BIEN

Si viajaras en el tiempo y observaras tus experiencias e interacciones de la infancia en detalle, te ayudaría a entender por qué tu vida es como es es hoy, y por qué piensas y respondes de la manera que haces en determinadas situaciones. Interacciones pasadas, como alguien que te dice que no eres lo suficientemente bueno o que eres incapaz, que para tener dinero hay que sufrir o sacrificarse, no puedes hacer esto, no puedes hacer aquello, y así sucesivamente, todo influye en cómo piensas y te comportas ahora.

" *Que la belleza que amamos sea lo que hacemos.*

— *RUMI*

Las experiencias negativas pasadas son la fuente de muchos obstáculos y barreras que impiden tu éxito, felicidad y paz interior. Estas experiencias fueron impresas en tu mente subconsciente, por lo que incluso si has olvidado conscientemente los detalles de los pensamientos, sentimientos e interacciones asociadas con un evento, probablemente estén contigo hoy y continuarán teniendo un impacto a menos que seas capaz de identificarlos, entenderlos y cambiarlos. Ellos seguirán impidiendo que realices tus sueños y que puedas lograr una obra maestra de vida, a menos que condiciones tu mente para cambiar tu vida.

Tal vez ni siquiera intentaste establecer metas para ti mismo debido a experiencias negativas pasadas y la creencia de que no eras capaz, digno o merecedor. Pero tu puedes cambiar todo eso ahora, y avanzar hacia el destino de una vida ideal llena de éxito, prosperidad, felicidad y paz interior. En los capítulos siguientes, la Guía para una mentalidad triunfadora te guiará a través del Método Maestro y el proceso de acondicionamiento para romper esos obstáculos y barreras, y esta vez lo conseguirás.

UN CAMBIO TRIUNFAL EN LAS 5 ÁREAS DE TU VIDA: CARRERA, FINANZAS, RELACIONES, SALUD Y PAZ INTERIOR

Estás bien encaminado a través del Paso 1 del Método Maestro: ***Definir dónde estás, dónde quieres ir y quién te gustaría ser***. Has aprendido sobre la energía positiva y negativa y la Ley de la Dualidad. Has identificado lo que no quieres y lo que quieres. Has examinado el poder del pensamiento y la conexión pensamiento-sentimientos-energía. Hemos hablado de seguir adelante y liberar experiencias pasadas, así como elegir el camino positivo.

En el próximo capítulo, aprenderás a condicionar su mente para el éxito, pero antes de ir más lejos, tomemos un momento para analizar más específicamente las cinco áreas principales de vida.

- Carrera
- Finanzas
- Relaciones
- Salud
- Paz interior

Carrera

Es interesante que tanta gente ni siquiera sepa qué es lo que aman o qué es lo que realmente les gustaría hacer. Viven sus vidas simplemente reaccionando a lo que la vida les depara.

Identifica tu pasión

Si realmente te sientes miserable haciendo lo que estás haciendo, para y permítete pensar seriamente en lo que disfrutarías hacer. Busca en lo profundo de ti mismo y pregúntate que es lo que realmente amas. ¿Cuál es tu pasión? como ya he mencionado antes, sueña sin límites. ¿Que te encantaría hacer, independientemente de los requisitos, el dinero o las circunstancias? Solo pregúntate sin limitaciones, lo que realmente te emocionaría y te haría feliz de saber que podrías despertar todos los días y hacer ¿ESO?

Una vez que hayas identificado lo que te encantaría hacer, no te preocupes por cómo llegarás allí o cómo lo harás. Cuando te deprimas por tu trabajo actual, recuerda que no ayuda permitir que estos malos sentimientos continúen. ABSOLUTAMENTE No cambiarás tu situación cuando te concentres en lo infeliz que eres. De hecho, atraerá más de esos pensamientos y sentimientos resultantes hacia ti, afectará tus acciones, tus circunstancias y prácticamente asegurarás que realmente te quedes atrapado allí.

Hacer el Cambio

Ahora, después de las pocas páginas que has leído aquí, deberías ser consciente y darte cuenta de que estar atrapado allí será tu elección si prefieres seguir pensando negativamente y sentirte mal por la situación. Por otro lado, puedes elegir cambiar tu energía y comenzar a mirar este trabajo como un trampolín para tu próxima posición, no como una sentencia de por vida. Si eliges hacer lo mejor que puedas con una gran actitud de una manera positiva, aprovechar al máximo cada momento, y hacer todo lo que puedas para crear pensamientos, sentimientos y energía vibratoria dentro de ti y a tu alrededor, todo cambiará.

De comida rápida a pies rápidos

Uno de mis primeros trabajos cuando era adolescente en Chile fue en McDonald's. ¿Era esta mi carrera soñada? ¡Claro que no! Pero en lugar de enfocarme en lo difícil que era el trabajo cada día, seguía concentrado en mi objetivo de convertirme en un campeón mundial, y consideraba este trabajo como un escalón hacia una vida mejor. Intentaba ser el mejor empleado de McDonald's, sabiendo que era una parte importante para crear energía positiva en mí mismo y alcanzar mi objetivo. Me leía cada manual para empleados. Trataba de ser el mejor en cada tarea en el restaurante. Llegaba temprano y trabajaba hasta tarde, y pronto me ascendieron a gerente. ¡Incluso gané el premio al Empleado del Año! La idea es que, sin importar lo que estés haciendo, hazlo con entusiasmo, una gran actitud y ética de trabajo, y las oportunidades llegarán.

Si visualizas lo que deseas, cómo te ves realmente con el trabajo de tus sueños, haciéndolo, amándolo y pasándotela genial, sin importar tu situación actual, crearás pensamientos positivos y los sentimientos positivos seguirán. Crearás sentimientos de emoción y alegría, viéndote haciendo lo que amas y vibrarás de acuerdo a cómo te sientes. Esta energía te ayudará a sentirte mejor acerca de tu situación actual, pero más importante aún, te ayudará a atraer todo lo necesario para crear la realidad que deseas. Si necesitas conocer gente, esas personas aparecerán... si necesitas educación o conocimiento, verás el camino para que eso suceda. Si eres un buen trabajador, captarás la atención de quien necesite verlo, y nuevas oportunidades cruzarán tu camino. Simplemente cambiando tus procesos de pensamiento, los sentimientos resultantes y las acciones, puedes comenzar a atraer todo lo necesario para seguir avanzando hacia tu carrera definitiva.

Finanzas

De las cinco áreas principales de la vida, esta es probablemente la zona que la mayoría de la gente coloca en la parte superior de su lista de preocupaciones.

- ¿Tengo suficiente dinero para pagar mis cuentas este mes?
- ¿Cómo voy a pagar este gasto?
- ¿Puedo permitirme una casa nueva, un coche nuevo o la matrícula universitaria?
- ¿Tendré suficiente para jubilarme? ¿Cuándo puedo jubilarme?
- Ojalá pudiera tener lo suficiente para estar libre de deudas.

Y así sucesivamente. La lista de preocupaciones sobre las finanzas puede ser interminable, y parece ser una preocupación constante que nunca termina para la mayoría. Mi desafío para ti ahora, mientras lees los pasos del Método Maestro, es cambiar tu enfoque. Cambia tu enfoque de la preocupación y la frustración a centrarte en lo que realmente DESEAS.

Pero el truco está en CÓMO lo haces. No estás cambiando verdaderamente tu enfoque si pasas de odiar no tener dinero a esperar no quedarte sin dinero. Debes cambiar por completo tu enfoque al opuesto de estar sin dinero: ¡abundancia, riqueza y prosperidad!

Al principio, puede parecer imposible, especialmente si estás tratando de averiguar cómo poner comida en la mesa o cubrir tus cuentas de este mes. Sin embargo, si te permites a ti mismo/a "jugar el juego" con tu mente, pronto será más fácil pensar de esta manera y sentirte realmente emocionado/a al respecto. Pronto se convertirá en una imagen que puedes pintar fácilmente en tu mente y generará buenos sentimientos dentro de ti. Y recuerda que los buenos sentimientos son siempre el objetivo. Quieres generar sentimientos positivos que puedas mantener para mantener tu estado vibracional positivo.

Imagina tus finanzas de la manera en que te gustaría tenerlas:

- ¿Cuánto dinero tienes en el banco? ¿Cómo se ve tu vida con el dinero que deseas?
- ¿Qué estás comprando?
- ¿A dónde estás viajando?
- ¿Cómo te sientes en tu prosperidad?

Al imaginar tu estado financiero de la manera que deseas, al ponerlo como una película en tu mente, estás creando sentimientos de emoción y felicidad. Estos maravillosos sentimientos te permitirán vibrar en sintonía con tus deseos y comenzarás a atraer esa realidad hacia ti.

Relaciones

Esta área de la vida es la que puede afectar el espectro de cada emoción que podamos imaginar en todos los sentidos posibles. Las relaciones pueden llevarnos a las cimas más altas y a los abismos más profundos, más que cualquier otra área de nuestras vidas. La conexión entre dos personas es algo maravilloso y comienza dentro de cada uno. Si experimentas dificultades dentro de ti mismo/a o no estás en paz contigo mismo/a, se vuelve muy difícil tener relaciones pacíficas con los demás. Lo que sucede a tu alrededor es un espejo vibracional de lo que está ocurriendo en tu interior. Si tienes problemas con los demás, primero debes mirar en tu interior y "arreglar" lo que está sucediendo allí.

El Juego De La Culpa

Mucha gente culpa a fuentes externas por su miseria. Aunque una fuente externa pueda ser un detonante, TÚ eres en última instancia responsable de permitir que afecte tus emociones y de elegir con qué emoción respondes.

Emociones negativas:

- Enojo
- Miedo
- Resentimiento
- Celos
- Frustración

Cuando te enfocas en emociones negativas, tus sentimientos corresponden, comienzas a vibrar negativamente y tus circunstancias resultantes se alinean con eso. Si continúas en este ciclo negativo, seguirás atrayendo más pensamientos, sentimientos, personas y circunstancias que coincidan y respalden la forma en que te sientes.

De manera similar, cuando te concentras en las cualidades negativas de otra persona, a menudo encontrarás más cosas que no te gustan, y es difícil llevarse bien con alguien si te enfocas en lo que no te agrada de ellos. Cuando mantienes este enfoque negativo, no solo estás dificultando la relación, sino que también te estás perjudicando en general al crear negatividad que comenzará a atraer más circunstancias negativas en otras áreas de tu vida también.

Encontrar lo Bueno

Cuando te enfocas en encontrar lo bueno en otra persona, eso atraerá más sentimientos positivos. Será mucho más fácil llevarse bien con alguien cuando tu intención es sentirte bien y prestar atención a las cualidades positivas que esa persona tiene. Al hacer esto, puedes rodearte de energía positiva, y la otra persona también verá más cosas buenas en ti. Es importante que TÚ tengas el control sobre cómo te sientes y no permitas que fuentes externas te controlen.

Emociones positivas:

- Amor
- Gratitud
- Compasión
- Alegría
- Bondad

Al buscar lo bueno en lugar de lo que no te gusta, no solo podrás entender mejor a la otra persona, sino que te sentirás mejor y manejarás las situaciones de manera más efectiva en caso de conflicto o desacuerdo. También inspirarás a la otra persona a sentirse mejor y podrás convertirte en la brisa calmante para su agitación emocional.

Nunca cedas ante la ira, el miedo o cualquier otra emoción negativa. Solo empeorarás la situación. No importa de quién sea la culpa de un problema. La presencia de cualquier emoción negativa, sin importar el desencadenante, hará imposible que experimentes sentimientos positivos. Tu mente en cualquier momento dado solo puede experimentar emociones positivas o emociones negativas, no puedes experimentar ambas al mismo tiempo. Por lo tanto, al ejercer conscientemente el amor, la bondad, la compasión, la comprensión, la gratitud y la alegría, incluso en circunstancias desafiantes, podrás mantener una mentalidad positiva y una vibración positiva, lo que se traducirá en mejores relaciones con todos a tu alrededor.

Salud

La cuarta área de nuestra vida es en la que solemos enfocarnos físicamente. Sin embargo, para realmente disfrutar de buena salud, tenemos que entender que la salud comienza en la MENTE. Como he afirmado repetidamente (y seguiré haciéndolo porque ¡es tan importante!), somos seres energéticos... estamos vibrando constantemente, ya sea de manera positiva o negativa, dependiendo en qué nos estemos enfocando. Y debido a esta vibración, estamos atrayendo más personas, circunstancias y situaciones que coinciden con nuestra energía.

Ejemplos de enfoque en la enfermedad:

- Tener miedo de enfermarse
- Obsesionarse con los gérmenes
- Hablar constantemente de nuestras dolencias: dolores, malestares, enfermedades, tratamientos

- Tomar muchos tipos diferentes de medicamentos "por si acaso"
- Siempre leer o ver programas de televisión sobre enfermedades y malestares
- Preocuparse constantemente si cada dolor podría significar algo terrible

Para las personas que vibran de esta manera, no es sorpresa cuando comienzan a experimentar los tipos de dolencias físicas de los que estaban obsesionados en no tener en primer lugar. En el mejor de los casos, esta forma de pensar les impide experimentar su máximo potencial de buena salud física, emocional y espiritual.

Practica la buena salud

Así es. Se necesita práctica. Por supuesto, es importante buscar ayuda médica y seguir los consejos de tu doctor cuando te sientas realmente enfermo. Sin embargo, la calidad y velocidad de tu proceso de sanación dependerán en gran medida de cómo elijas pensar y sentirte durante este proceso. Enfócate en sentirte bien; enfócate en la salud. Nuestros cuerpos tienen una capacidad increíble para sanar, y tenemos la habilidad de acelerar o desacelerar nuestra propia recuperación según la forma en que elijamos enfocar nuestros pensamientos y energía.

Es muy difícil para la medicina y los médicos ayudar a una persona cuyos pensamientos predominantes son negativos. Seguro conoces a alguien que siempre parece estar enfermo, una enfermedad tras otra... ¡y si no están enfermos, se preocupan por enfermarse! Están constantemente pensando en la enfermedad, creando la oportunidad perfecta para que se manifieste. Ahora, si eres esa persona, ¡PUEDES detenerte!

Una vez más, eres responsable de crear tu propia realidad, así que puedes comenzar a crear una vida de buena salud en tu cuerpo y mente simplemente enfocando tu mentalidad de manera positiva.

Ejemplos de pensamientos y sentimientos saludables en los que puedes elegir enfocarte:

- Visualizarte físicamente fuerte y saludable
- Imaginarte alcanzando tu peso ideal
- Hacer ejercicio regularmente y disfrutarlo
- Sentirte fuerte en tu cuerpo, mente y espíritu mientras experimentas verdadera paz, felicidad, risa y alegría
- Decirte a ti mismo/a que te sientes genial ¡y creerlo!

Todos estos pensamientos también pueden ser amplificados si los escribes como afirmaciones, los reflexionas y los visualizas. Escríbelos en tu diario como declaraciones en tiempo presente, como si estuvieran ocurriendo en este momento. Por ejemplo: "¡Soy fuerte, saludable y me siento genial!" o "¡Me siento tan orgulloso/a de mí mismo/a por alcanzar mi peso ideal!"

Estás creando tu realidad, así que haz todo lo posible por sentirte bien en este momento. Siente el poder del universo manifestándose a través de ti. Incluso si estás experimentando enfermedad en este momento, puedes cambiar, no al negar la medicina ni rechazar la ayuda de los médicos, sino cambiando la forma en que ves las cosas, y cambiando tus pensamientos, enfoque y comportamiento de enfermo y no sentirte bien, a volverte fuerte, saludable y ¡sentirte bien!

Paz interior

El último aspecto de la vida es algo que cada persona, sin excepción, busca y anhela. La paz interior es una experiencia de libertad, libertad del miedo y la preocupación, y libertad de la influencia negativa del pensamiento destructivo. Esta libertad tiene su base en el equilibrio perfecto entre tú y el universo. Viene del entendimiento de que no eres singular ni estás solo; eres muy importante y eres parte del todo. Tú contribuyes vitalmente a su existencia, a todo y a todos a tu alrededor.

Entendiendo los Centros de Energía

Se cree que la energía humana se almacena y distribuye a través de centros energéticos dentro del cuerpo. Es importante que tus principales centros energéticos —Emocional, Intelectual, Físico y Sexual— estén en armonía para que la energía se utilice eficientemente. Si desplazas demasiada energía a uno de estos centros, los otros no funcionarán como deberían. Por ejemplo, si estás bajo mucho estrés, es posible que te canses físicamente, incluso si no has hecho nada físico. En este caso, tu centro Emocional está drenando energía de tu centro Físico. ¿Has notado que alguien puede ponerse un poco gruñón o perder la paciencia después de haber estado trabajando duro académicamente, como estudiando para un próximo examen o completando un gran proyecto de investigación? Eso se debe a que el centro Intelectual ha estado absorbiendo fuerza del centro Emocional.

Otro aspecto para lograr la paz interior es tener fe y confiar realmente en que todo irá de acuerdo a nuestras intenciones a largo plazo. Debemos saber que lo único que se requiere es mantener una mentalidad positiva y sentirnos bien, sin importar los desafíos que surjan o cuáles sean las circunstancias actuales. Disfruta intencional y proactivamente del viaje y recuerda que ¡tu mente está creando tu futuro!

DANDO EL PRIMER PASO

Imagina que te subes a un avión, le preguntas al piloto a dónde va y él responde: "Mmmmm, no lo sé". ¿Te sentarías en tu asiento y tomarías ese vuelo? Probablemente no. De manera similar, ¿harías un viaje subiéndote a tu auto y comenzando a manejar sin haber decidido primero a dónde quieres ir? Podrías manejar por un tiempo, tomar giros al azar y terminar en medio de la nada. No hace falta decir que esta no sería la forma más eficiente de hacer un viaje, ¡y ciertamente no es la manera de vivir tu vida!

¿Hacia dónde te diriges?

El primer paso para crear tu vida ideal es DECIDIR qué quieres. ¿Cómo es tu vida ideal? ¿A dónde quieres ir? Cuando no tienes un destino y una imagen clara en tu mente, seguirás en tus circunstancias actuales no deseadas, o te perderás vagando sin rumbo, terminando en lugares y situaciones al azar. O peor aún, podrías terminar siendo parte del plan de alguien más y viviendo tu vida por defecto. Si sabes a dónde quieres ir, ahora puedes tomar medidas para prepararte y avanzar hacia tu destino.

Despeja tu mente

A veces es difícil decidir exactamente a dónde quieres ir porque tu mente está llena de desorden del pasado, el presente y el futuro: arrepentimientos, preocupaciones, lo que tienes que hacer en tu lista de tareas pendientes o lo que aún no has hecho. A partir de ahí, las dudas pueden aparecer: ¿Realmente merezco llegar a donde quiero ir, o merezco mejorar mi vida? ¿Debería seguir el camino de mis padres, mis maestros o alguien importante en mi vida, incluso si me doy cuenta de que una relación puede haber sido perjudicial para mí? A veces buscamos obtener la aprobación de los demás y seguimos el camino que creemos es el que ellos esperan, aunque no sea necesariamente un camino que se sienta correcto. O tal vez sientes algún miedo que te impide intentar mejorar tu vida: miedo al fracaso, al rechazo, a los obstáculos o al tener que salir de tu zona de confort y desafiarte a ti mismo/a.

Es muy importante darse cuenta de que TODO EL DESORDEN MENTAL PUEDE SUPERARSE si reconoces que está ahí: identifícalo, reconócelo y ponlo consciente y sistemáticamente a un lado. En el siguiente capítulo, **Paso 2: Fortalece tu Mente para el TRIUNFO**, aprenderás cómo superar el desorden mental y los obstáculos, y liberar tu mente. El desorden puede ser eliminado para que ya no obstaculice tu éxito. Tendrás el poder de hacer lo que sea necesario para llegar a tu destino, ¡y ya no habrá nada que te detenga!

Encuentra tu pasión

Es posible que tengas varias cosas que quieras lograr. Pero sin importar eso, tu primer paso es el mismo: primero debes encontrar tu pasión dentro de ti al hacerte la pregunta de qué es lo que realmente deseas. A veces sabrás la respuesta sin dudarlo. Otras veces es posible que tengas que pasar por un proceso de búsqueda interior y evaluación introspectiva para decidir exactamente lo que quieres. Sin embargo, debes llegar al punto en el que sepas absolutamente, sin ninguna duda, con determinación y convicción, lo que buscas lograr. Y una vez que hayas respondido esta pregunta, el siguiente paso será la clave para tu éxito.

La visualización es clave

Ahora que has respondido la pregunta, "¿Qué es lo que realmente quiero?", debes imaginarlo en tu mente. Todos los días. Varias veces al día, cierra los ojos y forma una imagen clara de cómo lucirá tu logro. Crea una imagen mental literal. Ten fe y cree realmente en las imágenes que tu mente está proyectando, para que se generen los sentimientos positivos correspondientes. Incluso puedes fingir que es tu realidad actual. Debes sentir realmente esta nueva realidad y permitirte percibir la felicidad, la alegría, la satisfacción y la emoción de alcanzar el éxito para que este ejercicio sea efectivo.

Al visualizar el éxito, estarás creando una coincidencia vibracional de acuerdo con tus deseos. Al hacerlo, comenzarás a atraer personas, experiencias e incluso conocimiento que se alineen con tu enfoque. Descubrirás que surgirán oportunidades, cuando busques las respuestas éstas te serán mostradas y el camino se volverá más claro para lograr el éxito, la felicidad y el equilibrio en todas las áreas de tu vida.

Tuve mi primera exposición al poder de la visualización y la meditación cuando era joven, quizás a los 14 años, mientras asistía a una escuela de filosofía en Santiago, Chile. Un día, nuestro instructor nos pidió que nos pusiéramos en una posición cómoda y, a través de una respiración muy lenta, tranquilizamos nuestras mentes y relajamos nuestros cuerpos. Nos guió para visualizar un entorno tranquilo y pacífico. Antes de eso, escuchábamos autos conduciendo y bocinas, y todo el ruido de la ciudad de Santiago. Sin embargo, en el momento en que todos participamos en una visualización colectiva, la ciudad se volvió silenciosa. Duró unos treinta segundos y me di cuenta de cuánto poder tenemos dentro de nosotros. Somos los arquitectos de nuestras vidas y somos capaces de crear y dar forma a nuestra existencia. Fue entonces cuando entendí verdaderamente que debemos ser capaces de visualizar nuestro éxito primero antes de poder experimentarlo.

La práctica hace la perfección

Para crear sentimientos positivos de emoción y anticipación, dedica un poco de tiempo cada día para visualizar lo que quieres llegar a ser, lo que deseas hacer y lo que deseas adquirir: la casa que deseas, la carrera que quieres, la relación que anhelas, el dinero que deseas.

Tómate un momento para relajar por completo tu mente y cuerpo, y enfoca tus pensamientos en tu objetivo. Siéntelo en tus manos. Huele su aroma. Escucha los sonidos. Siéntelo. Experiméntalo con todos tus sentidos y hazlo una realidad en tu mente en ese momento. Al final de este capítulo, hay un ejercicio para esta parte crucial del proceso del Método Maestro. Te guiaré a través de una meditación simple y fácil. También describiré un par de ejercicios que debes seguir conscientemente, ya que son pasos significativos para alcanzar el éxito.

Estimuladores Visuales

Dicho esto, no es suficiente solo pensar en el éxito. Debes sentirlo verdaderamente con todo tu ser para que tus sentimientos y tu vibración energética estén en sintonía con tu visión de cómo quieres que sea tu vida.

Cuando decidí que quería ser campeón mundial de kickboxing, trabajé extremadamente duro para desarrollarme físicamente hasta convertirme en ese campeón. Sabía que llevaría tiempo, disciplina y un esfuerzo sobrehumano, pero eso no era suficiente. Conscientemente y de manera constante me tomaba el tiempo para visualizarlo. Podía ver mi logro claramente, podía sentir las luces brillantes, podía oler el sudor y podía escuchar a la multitud vitoreando. En las paredes de mi habitación tenía carteles de campeones a los que admiraba para recordarme hacia dónde me dirigía. Me rodeaba de la grandeza que deseaba. Cada mañana, cada tarde y cada noche veía las imágenes de esos campeones, y al hacerlo, sin saberlo, estaba fortaleciendo mis ejercicios de visualización. Cada vez que miraba esas imágenes, me sentía optimista. Renovaba mis energías y me recargaba de alegría y felicidad.

Ya sean metas grandes que alterarán tu vida o cosas más pequeñas que debes lograr a diario, las leyes universales, los principios, los elementos esenciales y los pasos que necesitas seguir para alcanzarlas son los mismos. Estos principios son bastante simples, y con el tiempo resultarán en un éxito inevitable siempre que se comprendan y los sigas fielmente.

ES HORA DE DECIDIR

¿Estás listo/a para decidir con certeza a dónde quieres llegar? Y una vez que decidas, ¿estás comprometido/a a realmente hacerlo? No es suficiente solo tomar la decisión de que quieres algo. Y leer este libro no te ayudará si no tomas acción.

Este libro fue escrito para guiarte a través del proceso del Método Maestro para lograr tus propios éxitos personales de manera proactiva, no solo dándote conceptos para leer y experiencias con las que puedas relacionarte, sino guiándote a través de tu propio viaje de intención e implementación para que llegues a tu destino.

En el próximo capítulo, hablaremos sobre el fortalecimiento de la mente. Con cada capítulo que leas, permítete un tiempo de introspección y realmente piensa en lo que has leído y cómo se relaciona contigo y tu situación personal. Comienza a meditar y visualizar tus objetivos. Escribe en tu diario y lee lo que has escrito tan seguido como sea posible. Sumérgete en este proceso intencional. Todos estos pasos de acción realmente tienen poder.

Si lo deseas, en tu diario escribe más que solo los ejercicios sugeridos aquí. Plasma en papel tus pensamientos a lo largo del proceso: tus sueños y tus planes. Dibuja imágenes, recorta y pega fotos, cualquier cosa que venga a la mente. Como dije antes, el acto de escribir las cosas y leer lo que has escrito es excepcionalmente poderoso. Es un paso de acción vital para crear intención, responsabilidad, y mantener tus pensamientos y sentimientos positivos para que puedas seguir avanzando, progresando y creando tus éxitos.

Una vez que puedas DECIDIR y VISUALIZAR esa imagen clara en tu mente de lo que realmente deseas, tus pensamientos, sentimientos, acciones y energía serán positivos y estarán enfocados en lograr la vida que deseas. Te sorprenderá el poder de dar este primer paso en tu camino. Sentirás una sensación de emoción, anticipación y orgullo por haber tomado acción y comenzado oficialmente tu viaje para alcanzar tus objetivos.

EJERCICIO: DETALLANDO TU LISTA DE "LO QUE QUIERO"

Algunas personas tienen una imagen muy clara de lo que quieren lograr, por lo que les resulta fácil crear y describir imágenes en sus mentes. Para otras personas, puede ser un poco más difícil determinar lo que quieren, articular sus deseos o formar imágenes de esos deseos. Pueden saber que quieren una vida mejor, pero no saben exactamente qué hacer para mejorarla. Muchas veces simplemente no les gusta su estado actual de cosas y piensan que así es como es, o no se sienten dignos de vivir una vida mejor. A veces no se sienten con derecho a estar en paz consigo mismos o en armonía con el mundo que les rodea. Este libro, e incluso este primer ejercicio, puede cambiar completamente esas percepciones de sentirse perdidos, confundidos o no merecedores.

En tu diario, haz lo posible por describir DETALLADAMENTE cómo te gustaría que fueran las cosas en cada una de las cinco áreas de tu vida: carrera, finanzas, relaciones, salud y paz interior. Usando tu lista de "Lo que quiero" del ejercicio anterior como guía, comienza a agregar más y más detalles a tus descripciones para tener la imagen más vívida posible de tu futuro.

En este punto, incluso podrías dedicar una página separada para cada área, para permitir la mayor descripción detallada posible. ¡Aquí es donde puedes divertirte! Adelante, describe tu vida soñada con detalle: colores, sonidos, olores, sensaciones, interacciones, lo que estás vistiendo, cómo te ves, etc., porque estos detalles escritos te ayudarán a crear detalles visuales en tu mente cuando medites y realices tus ejercicios de visualización. Cuantos más detalles puedas incluir, más fácil será generar esas imágenes y sentimientos positivos que crearán la energía que necesitas para atraer todas esas cosas buenas a tu vida.

EJERCICIO: MEDITACIÓN DE VISUALIZACIÓN, CLAVE PARA TRIUNFAR

Usando tu detallada lista de "Lo que quiero" y las descripciones que escribiste para cada una de las cinco áreas de tu vida, el siguiente ejercicio te llevará a ese lugar y te permitirá experimentar tus metas en tu mente a través de la visualización. Este ejercicio debe repetirse tantas veces como sea posible para que puedas crear constantemente sentimientos positivos de anticipación, felicidad y emoción en tu interior.

Encuentra un lugar que te haga sentir físicamente cómodo y relajado. Puede ser en algún lugar tranquilo, una silla favorita, tu cama, el patio trasero o incluso un relajante baño caliente. Elige un lugar donde puedas tomarte unos minutos para reflexionar, un lugar donde puedas conectarte contigo mismo sin distracciones del mundo exterior. Incluso si no puedes ir a tu lugar favorito, puedes hacer esto en cualquier lugar: tu escritorio en el trabajo, estacionado en tu auto (nunca mientras conduces, por favor), o en una sala de espera. Donde sea que estés, lo importante es que te tomes un momento para enfocar tu mente y tus pensamientos siguiendo estos pasos:

- Siéntate o recuéstate y disfruta de la tranquilidad de estar solo con tus pensamientos.
- Toma un momento y cierra los ojos y permite que tus párpados se relajen.
- Independientemente de tus circunstancias actuales o de lo que estabas haciendo un momento atrás, saca todos esos pensamientos de tu mente. Olvida tu lista de cosas por hacer o preocupaciones que puedas tener, y libera todos los pensamientos y sentimientos lógicos sobre tu vida actual. Vacía tu mente de todas las ideas preconcebidas y limitantes de lo que puedes o no puedes hacer. Imagínate a ti mismo vacío y abierto.
- Respira muy despacio por la nariz, llenando tus pulmones, y luego exhala lentamente por la boca. Repite estas respiraciones lentas y suaves intencionadamente.
- Con cada respiración, siente cómo cada parte de tu cuerpo se relaja y se libera, desde la parte superior de tu cabeza hasta la punta de tus pies, y permite que tu mente se tranquilice, dejando de lado cualquier pensamiento externo.
- Ahora, llena la apertura de tu mente con las imágenes, sonidos, olores y sensaciones de la vida que deseas vivir.
- Uno por uno, imagina cada una de las áreas de tu vida exactamente como las escribiste en tu descripción detallada. Pinta una imagen vívida en tu mente de tu

carrera... tus finanzas... tus relaciones... tu salud... tu paz interior...

- Para cada área de tu vida: ¿Dónde estás? ¿Qué estás haciendo? ¿Qué estás vistiendo? ¿Con quién estás interactuando? ¿Qué sonidos escuchas? Permítete ver cada detalle y experimentar cómo se siente estar exactamente donde deseas estar.
- Siente la satisfacción, emoción y alegría de estar en la profesión que amas. Permítete sentir la felicidad de la riqueza y la abundancia. Siente el amor de la persona significativa en tu vida y lo maravilloso que es estar en sintonía el uno con el otro. Siente el logro de alcanzar tus metas de salud y estado físico y sentirte mejor que nunca en tu vida. Siente la absoluta paz y satisfacción desde lo más profundo de ti mismo y la alegría de saber que puedes superar cualquier obstáculo debido a esta paz.
- Recuerda que es crucial ser MUY específico con los detalles en tus visualizaciones. Estos detalles ayudan a crear una imagen clara en tu mente y, como resultado, permiten que surjan sentimientos positivos, los sentimientos de alcanzar tu objetivo. Estos sentimientos a su vez crearán la energía que afectará tus comportamientos, procesos de pensamiento y acciones que tomarás para despejar tu camino y abrir las puertas a las experiencias, personas y oportunidades necesarias para hacerlo realidad.

El aspecto más importante de tu proceso de visualización es crear con tus pensamientos los sentimientos que te van a inspirar, motivar y poner en una mentalidad ganadora. Esta mentalidad inspirará una acción positiva y atraerá experiencias positivas a tu vida.

Tu objetivo es sentirte bien. Si los pensamientos negativos invaden tu mente, consulta tu lista de Sentirse Bien, tus visualizaciones y lo que has escrito, y mantente enfocado en lo que deseas en lugar de lo que no te gusta de tu situación actual. Sigue visualizando el resultado que deseas y cómo se siente llegar allí.

> *Pide, y se te dará; busca, y encontrarás; llama, y se te abrirá... porque todo aquel que pide, recibe; y el que busca, encuentra; y al que llama, se le abrirá.*
>
> — JESÚS

Rodea Tu Entorno

Lo que también ayuda en el proceso de visualización es colocar fotos, símbolos y recordatorios de lo que deseas lograr. Una foto que represente tu trabajo soñado, un lugar que te encantaría visitar, la casa de tus sueños o el estado financiero que te gustaría alcanzar. Escribe un cheque a tu nombre por la cantidad de un sueldo que te gustaría recibir. Coloca estas cosas en un lugar donde puedas verlas todos los días y, cuando sientas que las cosas no están bien o estés experimentando otro tipo de emociones negativas, consulta tus escritos y recordatorios visuales. Todos estos pequeños detalles pueden ayudarte a volver a un estado mental positivo para que puedas seguir avanzando positivamente hacia lo que deseas.

Sigamos Adelante

Espero que hayas tomado la decisión de avanzar con acciones y, en este punto, deberías estar sintiendo entusiasmo y emoción por tus perspectivas futuras. Ahora que has observado tu situación actual, has pensado en lo que no quieres y en lo que sí quieres, lo has escrito todo y has creado una imagen en tu mente de tu vida ideal, es hora de condicionar por completo tu mente para mantenerte en el camino hacia el éxito. ¡Comencemos el capítulo dos!

> *Para pensar de manera positiva, debes condicionar tu mente a través de la práctica durante toda la vida.*
>
> — *GRAN MAESTRO MARCO SIES*

PASO 2: CONDICIONA TU MENTE PARA EL ÉXITO:

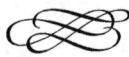

LOS SECRETOS PARA FORTALECER TU MENTE, UTILIZANDO LOS 5 ELEMENTOS ESENCIALES PARA SUPERAR LA NEGATIVIDAD

AHORA QUE HAS DECIDIDO LO QUE QUIERES

¡Genial! Has terminado el primer paso del Método Maestro, y has dado un sólido comienzo en tu camino para lograr tus objetivos de manera proactiva. Hasta ahora has:

- Observado detenidamente tu situación actual.
- Hecho una lista de lo que no quieres y lo que sí quieres en las cinco áreas de tu vida.
- Aprendido cómo los pensamientos generan emociones, que producen energía negativa o positiva, y sabes que esto significa que eres el creador de tu propia realidad.
- Explorado algunas formas de crear energía positiva dentro y alrededor de ti.
- Descubierto el valor y el poder de la visualización para formar una imagen precisa de tu destino deseado en tu mente.

FORTALECIENDO TU MENTE PARA EL ÉXITO

En este capítulo, te presentaré el concepto de condicionar tu mente, de la misma manera en que un atleta condiciona su cuerpo para una carrera, un partido, una pelea u otro evento deportivo. Entiendo que a veces es más fácil decirlo que hacerlo cuando alguien te dice que simplemente te sientas bien, pienses en cosas positivas o te mantengas positivo. A menudo, tenemos la intención y el deseo de sentirnos bien, pero la vida sucede y nos encontramos de nuevo en un estado mental negativo y no nos sentimos tan bien. Nadie desea pensar de manera negativa o sentirse mal, y nadie lo intenta intencionalmente. Pero con demasiada frecuencia se ha convertido en una forma habitual de pensar y ser, y este es el ciclo que debe romperse. La conciencia y las intenciones serán tu super poder para sobreponerte.

Eso Está Muy Bien, Pero...

Es fácil sentirse bien y pensar de manera positiva cuando las cosas van bien. Pero para sentirte bien y mantener una actitud positiva en medio de desafíos y circunstancias que pueden no gustarnos o que no podemos anticipar, se requiere un acondicionamiento consciente, intencional y constante de la mente. De manera similar en que acondicionamos nuestros cuerpos a través del ejercicio y una dieta saludable para construir fuerza y resistencia, o simplemente para mantenernos saludables, también hay formas de acondicionar nuestras mentes para tener fortaleza, resistencia, salud y, lo más importante, paz interior. No ocurre de manera espontánea. HACEMOS que ocurra. Acondicionar nuestras mentes y lograr verdadera serenidad en nuestro interior es en sí mismo un éxito. Sin embargo, crear éxito en cada área de tu vida puede volverse ilimitado una vez que hayas alcanzado la tranquilidad interior al practicar DE MANERA CONSISTENTE el acondicionamiento de tu mente.

Puedes Cambiar Tu Forma De Pensar

Para mantener la fortaleza, resistencia y salud en nuestra mente, debemos hacer de este acondicionamiento una práctica de por vida. Al igual que con cualquier otra cosa, no hay un interruptor mágico ni una poción de éxito instantáneo para lograr el éxito. El acondicionamiento constante y diario de tu mente es clave, y debe convertirse en un estilo de vida, no algo que practiques un solo día o una semana y esperes obtener resultados. Pero si estás dispuesto/a a aprender y actuar de manera constante, te prometo que estas técnicas se convertirán en algo natural y la actitud positiva que crearás tendrá impacto en cada aspecto de tu vida.

Una vez que comprendas e incorpores los elementos esenciales del acondicionamiento de tu mente, siempre tendrás las herramientas para superar tus obstáculos, barreras y miedos. Algunas de tus barreras pueden ser desafíos evidentes o situaciones que necesitas superar. Otras barreras pueden tener sus raíces en lo profundo de tu mente subconsciente, originadas en las vías neuronales, que son rutas nerviosas que conectan una parte del sistema nervioso con otro y son fundamentalmente importantes en el aprendizaje. Estas rutas se forman en la infancia temprana o quizás incluso antes, y ni siquiera eres consciente de su existencia. Pero con un acondicionamiento y cuidado constante, tu psique puede fortalecerse, mantenerse saludable y estar lista para enfrentar cualquier desafío.

LOS ELEMENTOS ESENCIALES PARA UNA MENTALIDAD POSITIVA

Como parte del Método Maestro para lograr el éxito, he compilado una lista de elementos esenciales que no solo son vitales para alcanzar el éxito, sino que estos componentes te permitirán crear una vida de paz interior, alegría y felicidad. Comprender, practicar y hacer que estos elementos formen parte de quien eres te permitirá crear la vida ideal que mereces.

A medida que sigas leyendo, aprenderás la importancia de cada uno de estos elementos, así como compartiré ejercicios valiosos y formas prácticas para no solo comprender los elementos, sino también permitir que se conviertan en una segunda naturaleza. Al practicar consistentemente los ejercicios de acondicionamiento, al mantener la conciencia sobre los elementos esenciales y al recordarte constantemente mantener o cambiar tu mentalidad en una dirección positiva, una mentalidad de éxito se convertirá en parte de tu ser. Pensarás y sentirás naturalmente de manera positiva, y el éxito se convertirá en tu nueva forma de vivir.

A continuación, se presenta la lista de elementos esenciales para el acondicionamiento de nuestras mentes para mantener una mentalidad saludable y positiva. Cuando alcanzamos este estado superior y sostenemos pensamientos y sentimientos consistentes con cada uno de estos elementos, nos permitimos sentir y rodearnos de energía positiva. Como resultado, nuestros caminos comienzan a iluminarse, las relaciones adecuadas y las oportunidades cruzan nuestro camino, y el proceso de creación para el logro fluye con más facilidad.

Ahora, es posible que estés esperando que estos elementos se relacionen con la confianza en uno mismo, la persistencia, la disciplina, la visión, la fuerza de voluntad, la determinación, la asertividad y otras características generalmente asociadas con el tema del éxito. Todos esos son atributos importantes necesarios para lograrlo. Sin embargo, antes de esas características, primero deben existir algunos elementos fundamentales.

Los Elementos Esenciales del Método Maestro para el Acondicionamiento de la Mente

- Gratitud
- Humildad
- Positividad
- Fe
- Paciencia

En las siguientes páginas, se discutirán en detalle cada uno de estos elementos, junto con ejercicios que te ayudarán a desarrollar y enriquecer cada una de estas cualidades en tu interior.

ELEMENTO ESENCIAL #1: GRATITUD

Llevo más de 35 años enseñando artes marciales, y a menudo me preguntan: "¿Cómo lo haces?" La gente quiere saber cómo puedo hacer que cada clase sea emocionante, llena de entusiasmo y energía alta, todos los días, todo el día. Incluso cuando tengo un grupo desafiante, con estudiantes que pueden ser un poco más difíciles de enseñar, veo una gran oportunidad para convertirme en un mejor maestro de artes marciales. Me siento agradecido y me recuerdo esta gratitud todos los días. Mantener la energía y el entusiasmo a pesar de los desafíos me hace un mejor instructor. No ceder ante lo que puede ser una situación frustrante o un estudiante que le cuesta y elevarme creativamente por encima de las dificultades para mantener el entusiasmo y la positividad me brinda un sentido de logro y satisfacción en cada clase. Y por eso, estoy sumamente agradecido.

Recordarme antes de cada clase que estoy agradecido por ser un instructor de artes marciales me mantiene en un estado de ánimo positivo para liderar la mejor sesión posible. Me recuerdo que esta podría ser la primera o la última clase de un estudiante, y todo dependerá de cómo la enseñe. Trato de mantener un nivel de entusiasmo como si esta clase fuera la última oportunidad que pueda tener para enseñar. Los estudiantes merecen lo mejor de mí. Agradezco los desafíos porque aumentan mi conocimiento, fortaleza y habilidad para esforzarme por mejorar y convertirme en un mejor maestro, instructor y persona.

Una emoción poderosa

La gratitud es una emoción sorprendentemente poderosa que eleva tu estado de ánimo. Como dije antes y repetiré de nuevo, este estado mental elevado te proporcionará una increíble fortaleza y la mentalidad positiva para influir en todos los eventos de tu vida. Incluso si te encuentras con problemas, encontrar el lado beneficioso y sentirte agradecido a pesar de esos desafíos mantendrá la positividad a tu alrededor y esta energía, a su vez, te ayudará a encontrar, reconocer y crear más experiencias beneficiosas que vendrán a ti.

Por supuesto habrá momentos difíciles en los que la parte no saludable de tu mente predominará, y verás el lado negativo de las cosas, sintiéndote frustrado, pensando en cuánto no te gusta algo o reflexionando sobre lo difícil que es una tarea y todas las razones por las que no puedes realizarla y por lo tanto no tendrás éxito. Ciertamente, no eres el único que tiene este tipo de pensamientos y sentimientos, ni el único que se comporta de una manera que desearía cambiar.

Todos Enfrentamos Barreras

Como mencioné anteriormente, por una variedad de razones, todos tenemos cierta cantidad de desorden personal en nuestras mentes. Y todos tenemos circunstancias del pasado que desafían nuestra forma de pensar y nos llevan por un camino de pensamientos y sentimientos negativos. Puede ser que hayas tenido padres que te criticaron o te desanimaron. Puede ser que hayas tenido experiencias dolorosas en la infancia, ya sean físicas o emocionales, que te hicieron sentir miedo o no merecedor. Tal vez creciste en una lucha financiera o en un entorno inmerso en negatividad. Todas tus experiencias tempranas en la vida te programaron para pensar, comportarte y reaccionar ante las experiencias de una manera particular. Incluso podrías haber tenido una infancia muy positiva, pero por alguna razón sigues teniendo dificultades para llevar a cabo un plan para el éxito. Tal vez te cuesta tomar medidas y mantener tu impulso hacia tu objetivo.

Tus experiencias pasadas posiblemente contribuyen a retrasar o bloquear tus éxitos. Las personas manifiestan su desorden mental de diferentes formas (miedo, ansiedad, indiferencia, indolencia, no tomar acción porque la tarea parece demasiado difícil), pero en última instancia, todo se reduce a esto:

Los pensamientos y sentimientos negativos sostenidos nos impedirán avanzar hacia nuestros objetivos.

Todos tenemos algún tipo de desorden mental derivado del desarrollo personal que puede llevarnos a un estado de ánimo negativo temporal o sostenido. Este desorden debe limpiarse para lograr la vida que deseas. ¡Pero hay buenas noticias! Estas barreras se pueden superar. De hecho, simplemente tener la capacidad de atraparte a ti mismo cayendo en cualquier pensamiento negativo, ser consciente de esto y reconocer el impacto negativo de sostener este tipo de pensamiento es un gran paso para superar y vencer este hábito poco saludable.

La dualidad de saber lo que no quieres en contraste con lo que estás luchando por llegar a ser a menudo aumenta la motivación para llegar allí, así como el deseo de sentir el aprecio y la emoción del logro una vez que lo hagas. Te brinda el trampolín para crear intenciones y tomar medidas basadas en esas intenciones. Practicar la gratitud es un dispositivo particularmente efectivo para superar las barreras del pensamiento negativo y el desorden mental.

La práctica genera progreso

Para algunos, la gratitud no es una cualidad que surja natural o fácilmente, y para estas personas, la disposición para agradecer debe practicarse. Cuanto más repitas pensamientos de gratitud, más experimentarás realmente sentimientos de gratitud, y más positiva se volverá tu mentalidad, creando y atrayendo más experiencias positivas, lo que comenzará el ciclo constructivo nuevamente. Al buscar activamente y encontrar cosas por las que estar agradecido, y al practicar pensamientos de gratitud, eventualmente la gratitud se convertirá en una emoción que surge automáticamente desde tu corazón, y se convertirá en una parte de quien eres en lo profundo. Cuanto más practiques pensamientos de aprecio y gratitud, más encontrarás por lo que estar agradecido.

Mis agradecimientos diarios

Cada día, cuando me despierto, practico mis visualizaciones. Este es un proceso que he utilizado desde que era adolescente, donde me enfoco intensamente en cómo quiero que sea mi vida. Visualizo incluso hasta el más mínimo detalle, las imágenes, los olores, los sonidos y los sentimientos de cómo deseo que sean las diferentes partes de mi vida. Cuando estoy proyectando estas imágenes y deseos, me siento agradecido sabiendo que está llegando, y en mi visualización, siento la gratitud como si ya lo tuviera, aunque la realización de ese deseo aún no haya ocurrido. Creo los pensamientos y los sentimientos en mi mente, y siento las emociones en mi cuerpo como si ya fuera una realidad. Lo huelo... lo escucho... lo siento en mis manos... oigo los sonidos... y me siento agradecido por ese momento y por la experiencia. Siento la emoción de estar allí, incluso si es solo en mi mente por ahora. Luego, después de salir de mi visualización de objetivos, siento emoción de que está llegando y luego enfoco mi atención en lo que ya agradezco: mi vida actual y todas las bendiciones que estoy recibiendo.

Reconoce y agradece

Una parte central del proceso de condicionar tu mente es reconocer y agradecer de manera proactiva las cosas por las que estás agradecido en tu situación actual. Pueden ser tus hijos, sus sonrisas, risas o cosas graciosas que hacen... una relación— cuánto amas a esa persona y cómo enriquece tu vida... tener un techo sobre tu cabeza — esto en sí mismo es algo por lo que estar agradecido, cuando te das cuenta de cuántos ni siquiera tienen eso... tener comida— recuerda cuán afortunados somos en las pequeñas cosas que damos por sentado... tu trabajo – tener un trabajo en estos tiempos recientes es algo para apreciar, dada la cantidad que ha sufrido debido a la débil economía... tu salud – muchos también dan esto por sentado, pero todos deberíamos estar agradecidos por cada día que pasamos en esta tierra. Recuerda, no importa cuán mal se pongan las cosas y lo difíciles que sean para ti, siempre hay alguien menos afortunado y pasando por algo peor. Siempre hay algo por lo que estar agradecido.

En este proceso, cuando te enfocas constantemente en lo que agradeces, crearás positividad dentro de tu mente, lo que contribuirá a raudales de sentimientos, energía y experiencias que ocurrirán si haces de esto un hábito. Usa lo que ya tienes para crear un marco de mente positiva y recuerda, cuando te sientes bien, vibras en sintonía con la vida que deseas. Comenzarás a crear la energía necesaria para allanar el camino hacia personas, oportunidades, experiencias y circunstancias que te lleven allí.

EJERCICIO: LOS AGRADECIMIENTOS DIARIOS

Cuando te despiertes por las mañanas, crea el hábito de pensar de manera proactiva en lo que agradeces antes de comenzar tu día. Búscalo activamente y reconócelo en tu mente. Escríbelo si quieres que su poder se amplifique aún más. Hazlo antes o después de tus ejercicios de visualización, y en cualquier momento durante el día.

Haz de tu ejercicio de gratitud una práctica que hagas tan a menudo como sea posible. Nuestras mentes están en constante movimiento, entonces, ¿por qué no llenarlas con pensamientos que realmente te beneficiarán? Lucha para que la gratitud se convierta en tu forma natural de pensar y sentir, incluso si se siente difícil y poco natural, o no crees que tengas mucho por lo que estar agradecido. Al principio, es posible que necesites hacer un esfuerzo consciente para recordar este ejercicio o buscar en tu vida aquello por lo que te sientes agradecido. Incluso podrías necesitar escribir una lista diaria de cosas por hacer y agregar "recordar todo por lo que estoy agradecido" como parte de esa lista. Si esto es difícil, busca cosas en ese momento, como apreciar un día soleado o a una persona que tenía una sonrisa en su rostro que te pareció agradable. Si buscas lo suficiente, siempre habrá algo para apreciar.

Con el tiempo, el ejercicio consciente de enumerar estos agradecimientos se convertirá en tu perspectiva completa. Buscarás naturalmente lo bueno en cualquier persona o situación y sentirás gratitud por su existencia. Eventualmente, tendrás la capacidad de reconocer instintivamente y sentirte agradecido incluso por las personas y situaciones más desafiantes, porque sabes que te están fortaleciendo y estás obteniendo herramientas útiles para alcanzar las metas y la vida que deseas.

Cada día, escribe una nueva lista de agradecimientos en tu diario. En la parte superior de tu lista, comienza con lo que estás más agradecido hoy – la familia, los amigos, tu trabajo, tu salud, todas las cosas que disfrutas y las que están yendo bien. Agradece por cosas cotidianas... por un hermoso amanecer o atardecer... por poder ver, oír y experimentar este maravilloso mundo. Podría ser algo tan simple como una camarera amigable en tu cafetería favorita, o tiempo para un paseo corto en tu día libre. Agradece por tu mera existencia y por poder experimentar todo lo que la vida tiene para ofrecer. Sé agradecido ahora, con la fe de que recibirás lo que estás buscando. Siente la emoción de anticipar y saber que está por venir.

> *La voz de la sabiduría no puede ser escuchada, excepto por los oídos de una mente abierta y humilde.*
>
> — *GRAN MAESTRO MARCO SIES*

Cuando las cosas no son perfectas

A veces, sin embargo, es posible que tengas que ser creativo al buscar agradecimientos diarios. Por ejemplo, es posible que no estés en la posición laboral de tus sueños en este momento. De hecho, es posible que ni siquiera disfrutes de tu trabajo ahora. Pero si te permites sentirte agradecido de que este trabajo en última instancia te esté ayudando a ganar experiencia o esté sirviendo como un escalón o medio de apoyo para llegar a tu carrera final, entonces esos pensamientos positivos permitirán que los sentimientos positivos fluyan. Anota esas cosas en tu lista.

Todos tenemos días malos y períodos difíciles, y en estas ocasiones, es especialmente importante encontrar semillas de bondad, cavando profundo para encontrar una manera de sentirte agradecido por algo. Recuérdate a ti mismo que en estos desafíos, crecerás, desarrollarás fortaleza, adquirirás conocimiento y recibirás herramientas para ayudarte en tu viaje hacia tus objetivos. Cómo aprendiste antes, cada experiencia, buena o mala, tiene un beneficio. Recuerda esto cada vez que enfrentes la adversidad y siéntete agradecido por la fuerza y la sabiduría que estás adquiriendo gracias a ella.

ELEMENTO ESENCIAL # 2: HUMILDAD

Humildad– "estar libre de orgullo o arrogancia; modestia; la cualidad o estado de ser humilde; no pensar que eres mejor que los demás; estar dispuesto a recibir conocimiento o sabiduría".

Imagina por un momento que quisieras escalar el Monte Everest. En este momento, estás usando pantalones cortos y una camiseta. No has investigado, entrenado ni te has preparado de ninguna manera, y no tienes absolutamente ningún equipo de escalada ni ropa de clima frío. Sería extremadamente difícil para ti sobrevivir a un viaje así si entras en él sin preparación. Debes aprender a escalar, entrenar, conseguir la ropa y las herramientas necesarias, y tal vez reunir a un equipo de personas para ayudarte a llegar allí. Es posible que tengas que aprender de los demás o enfrentar desafíos mientras adquieres el conocimiento necesario y el entrenamiento físico, pero siempre manteniendo tu objetivo final en mente y haciendo lo que sea necesario para alcanzar la cumbre. En este escenario, aceptas humildemente los desafíos como experiencias necesarias que te están dando las herramientas para volverte más fuerte y estar mejor equipado para enfrentar la escalada que se avecina.

 La verdadera sabiduría nos llega a cada uno de nosotros cuando nos damos cuenta de cuán poco entendemos sobre la vida, nosotros mismos y el mundo que nos rodea.

— SÓCRATES

Del mismo modo, cuando te diriges hacia un destino de éxito en tu vida, cada situación que encuentres te enseñará algo que necesitas saber o te brindará la perspicacia o comprensión que necesitas en tu camino hacia el éxito. Aceptar humildemente cada experiencia como si tuviera una semilla de beneficio te ayudará a mantener una mentalidad positiva, a pesar de enfrentar decepciones o derrotas. Incluso si este proceso toma algunos pasos dentro de tu mente, encontrar una manera de aceptar la experiencia con humildad te ayudará a superar la adversidad más rápidamente. Evita sentir resentimiento, estar a la defensiva o sentir enojo frente a desafíos y obstáculos. Crea y mantén la mentalidad de avanzar constructivamente en lugar de culpar o quedarte atrapado en lo negativo.

El lado positivo es real

Siempre hay un beneficio u oportunidad en cada circunstancia que enfrentas. ¡Búscala! El beneficio puede tomar muchas formas diferentes. Puede fortalecer tu espíritu, desarrollar tu carácter o enseñarte cómo lidiar eficazmente con dificultades o adversidades. Estos son instrumentos que te ayudarán en los pasos posteriores de tu viaje. Mantén un sentido de humildad en momentos difíciles para maximizar los beneficios que obtendrás de ellos. La humildad siempre contribuirá a tu mentalidad positiva y generará energía positiva a tu alrededor.

Perder no es más que una gran parte de ganar

En algunas situaciones, es posible que sientas que has "perdido". No dejes que un evento negativo o un contratiempo detengan tu impulso. Acéptalo con humildad como parte del proceso, y recuerda que te estás volviendo más fuerte, más sabio y más equipado para seguir adelante. Cuando enfrentes la decepción, simplemente recuerda que perder es parte de aprender a ganar. Ganarás al final, siempre y cuando no te rindas.

Cómo practicar la humildad

¿Cómo puedes practicar la humildad? Aquí tienes algunas sugerencias prácticas para incorporar la virtud de la humildad en tu naturaleza.

- Vacía tu mente: imagina que es una taza vacía lista para llenarse.
- Recibe conocimiento y ayuda de los demás con una mente abierta y renovada. Puedes aprender algo valioso que te ayudará más adelante. Incluso si es algo que has escuchado antes o crees que ya sabes, recíbelo con gratitud, como un refuerzo de tu conocimiento.
- Elimina estos tipos de pensamientos de tu mente:
- Cuán difícil es
- Por qué puede no funcionar
- Razones por las cuales no deberías avanzar
- No tengo dinero
- No tengo experiencia
- No tengo conocimiento
- Ábrete a cada experiencia, buena o mala, tómala como la sabiduría de aprender qué hacer o qué no hacer.
- Recuerda, cada experiencia es valiosa.
- Ábrete a recibir el beneficio de cada experiencia: búscalo activamente e identifícalo.
- Permítete tener pensamientos y sentimientos de gratitud por la experiencia.

El primer elemento de la lista es especialmente importante. Antes de comenzar tu viaje, imagina que estás vaciándote de cualquier idea preconcebida, experiencias negativas o cualquier cosa que esté ocupando toda tu mente y que pueda obstaculizar la recepción de conocimiento valioso. Saca de tu mente todas las razones por las cuales algo puede no funcionar o lo difícil que será. El universo te proporcionará todas las respuestas que necesitas para lograr tu objetivo. Tu trabajo es encontrarlas.

Ábrete a recibir nuevos conocimientos presentados ante ti, ya que estos contienen experiencias que fortalecen el carácter y la sabiduría que te ayudarán a alcanzar tu objetivo. Permítete recibir y beneficiarte de cualquier información, para no desperdiciar ni una sola oportunidad o experiencia. Evita a toda costa la actitud de que ya sabes todo lo que necesitas saber o que no tienes espacio para otra forma de ver las cosas.

Conviértete en un receptor

Imagina un vaso de jugo lleno hasta la mitad, y tratas de verter otro vaso lleno de agua en él. El vaso se desbordará y gran parte se desperdiciará. No hay suficiente espacio para el jugo y el agua. La humildad es muy parecida a eso– ser humilde (vaciar) te permite hacer espacio para ideas, percepciones y comprensión. Ser capaz de vaciarte, para que cuando llenes tu vaso, puedas retener cada pedacito de conocimiento y no desperdiciar ni una sola gota. A veces no te darás cuenta inmediatamente de las enseñanzas subyacentes, pero no pierdas la oportunidad de descubrirlas.

Sé humilde. Te proporcionará una mentalidad abierta y positiva que te permitirá avanzar hacia tus sueños con la menor cantidad posible de obstáculos. Una vez que te vuelvas receptivo a las semillas de beneficio que encuentres en todas las circunstancias, tu camino se volverá más claro con cada experiencia de vida.

EJERCICIO: LISTA DE BENEFICIOS

En tu diario, crea una lista de desafíos recientes que hayas enfrentado. Ahora, vacíate de cualquier pensamiento negativo o ideas preconcebidas sobre cómo este desafío te afectó o te afectará. Para cada desafío, enumera tantos beneficios como puedas que resultaron o podrían resultar de esta experiencia. ¿Qué herramientas adquiriste o podrías adquirir a partir de este desafío?

Piensa cuidadosamente en los efectos positivos de cada desafío y cómo cada situación podría ser beneficiosa. Aborda tus respuestas desde una postura de humildad objetiva.

Ejemplos de beneficios podrían ser:

- Fortalecimiento de tu espíritu
- Aprecio por algo o alguien que te hace sentir bien (lo opuesto a la situación desafiante)
- Enseñanza de la paciencia
- La circunstancia te llevó por un camino hacia una persona que podría beneficiarte de alguna manera
- Aprendiste algo de esa experiencia que te ayudará a enfrentar desafíos en el futuro
- La sabiduría que obtuviste de esa adversidad te permitirá ayudar a alguien más en el futuro

ELEMENTO ESENCIAL # 3: POSITIVIDAD

El tercer elemento esencial en el Método Maestro para condicionar tu mente para el éxito es la positividad. El pensamiento positivo es el combustible necesario para que tus deseos se conviertan en realidad. Si usamos de nuevo la analogía del viaje por carretera, en este punto de tu viaje, ya has elegido tu destino, por lo que sabes hacia dónde te diriges. Ahora te estás preparando para no perderte en tu camino y quieres llegar allí de la manera más eficiente posible. Tienes el vehículo que te llevará, pero debes tener el combustible adecuado para mantener el vehículo funcionando sin problemas y eficientemente, para que no se descomponga en la ruta.

Lo mismo es cierto para experimentar el éxito en cualquier área de tu vida: debes nutrirte física, emocional y espiritualmente para evitar descomponerte. Mientras que parece relativamente fácil identificar formas de mantener una buena salud física, puede ser mucho más complicado identificar cómo obtener y mantener la salud emocional y espiritual.

Desde el corazón

"El pensamiento positivo" es una frase que se ha utilizado y reutilizado tanto que a menudo olvidamos lo que realmente significa y cuán poderoso es en realidad. Pensar positivamente no es solo una expresión superficial que podamos pasar por alto ligeramente o un concepto que podamos intentar durante un minuto y luego preguntarnos por qué nos frustramos cuando parece que no está funcionando. La positividad debe convertirse en una forma de vida, a pesar de las circunstancias difíciles. No se puede demostrar solo con palabras y acciones, sino con sentimientos que existen profundamente en nuestros corazones. Con un verdadero pensamiento positivo, puedes crear sentimientos positivos, que generan energía positiva... y esa energía atrae y manifiesta resultados positivos.

Recuerda lo que aprendimos sobre la conexión entre pensamientos, sentimientos y energía. La energía siempre está vibrando, y elegimos vibrar positiva o negativamente, según la forma en que sostenemos nuestros pensamientos y los sentimientos resultantes. Reflejando la forma en que estamos vibrando (ya sea positiva o negativamente), continuaremos perpetuando en nuestras vidas buenas o malas experiencias... buenos o malos resultados... éxito o fracaso. La realidad que creamos para nosotros mismos comienza con un solo pensamiento, que genera sentimientos, y esos sentimientos influyen en nuestros comportamientos, interacciones, decisiones, experiencias y circunstancias con las que vivimos.

La conexión entre pensamientos, sentimientos y energía influye en todo lo que nos rodea.

No puedes engañarte a ti mismo

A veces las personas piensan que al hacer algo amable, a pesar de sus verdaderos sentimientos de negatividad bajo el gesto, lograrán resultados positivos. El acto de hacer algo amable por alguien es genial, pero si en lo profundo de ti tienes sentimientos negativos, como enojo, celos o resentimiento, entonces no estás siendo sincero, especialmente contigo mismo. Estos sentimientos solo crearán más negatividad a menos que encuentres una manera de sentirte sinceramente bien acerca de tu acción. Hacer algo considerado por otra persona siempre es algo bueno, pero realmente marca la diferencia cuando honestamente te sientes bien al hacerlo.

Tus verdaderos sentimientos

Imagina que estás en una situación en la que tienes que enfrentar algo difícil, como un gran revés en un proyecto importante, o algo inesperado que no formaba parte de tu plan. Para la mayoría de las personas, la primera reacción interna natural es sentirse mal o experimentar miedo o duda. Luego intentas pensar positivamente y ocultar lo que realmente estás sintiendo al fingir que te sientes bien. Te dices a ti mismo y a los demás a tu alrededor que estás bien. Les dices que estás pensando positivamente, aunque en lo profundo de ti, en realidad no te sientes así. Aunque lo que estás diciendo en la superficie es positivo, tus verdaderos sentimientos son de miedo, duda, frustración e inseguridad.

Estos sentimientos verdaderos y profundos son los que realmente estás proyectando, y dado que éstos tienen un origen negativo, en última instancia no te beneficiarán. Con demasiada frecuencia una persona piensa temporalmente de manera positiva pero no puede mantener esos pensamientos y sentimientos en el momento en que experimenta una decepción. Posteriormente, el desánimo se convierte en sentimientos de preocupación, frustración, falta de valía y tal vez desesperanza o incluso enojo.

Cómo restablecer tu predeterminación para la positividad

Quieres que el verdadero pensamiento positivo y sentirte bien se conviertan en una segunda naturaleza, para que ya no tengas que elegir conscientemente entre pensar positivamente o negativamente, o entre sentirte bien o sentirte mal. Tu objetivo es que la positividad y sentirte bien se conviertan en tu forma predeterminada de pensar y sentir, para que tu vibración energética se alinee con las experiencias, personas y oportunidades que te ayudarán a estar donde deseas estar en todas las áreas de tu vida.

Entonces, ¿cómo puedes lograr esto? Comprender el concepto es un buen comienzo, pero ahora debes dominar el proceso de cómo lograr esta cualidad dentro de ti.

Lo más importante es dominar el arte del pensamiento positivo y sentirte bien durante los momentos difíciles. Es fácil sentirte bien y pensar positivamente cuando todo es maravilloso. Esto es natural y sin esfuerzo. Sin embargo, cuando llegamos a un obstáculo o percibimos un fracaso, puede enviarnos a una espiral descendente de la que puede ser difícil recuperarse.

Raíces emocionales

Comprender las raíces de tus pensamientos y emociones será una clave importante para superar estos momentos difíciles que se enfrentan a tu estado positivo. Lograr y mantener una actitud positiva cuando afrontas situaciones difíciles puede parecer imposible, especialmente cuando estás en medio de un desafío.

Antes de poder eliminar los pensamientos y emociones negativas, primero debes poder identificarlos y entenderlos. ¿Por qué los estás experimentando en primer lugar? ¿Por qué te sientes de esta manera y otra persona no lo hace? ¿Cuál es la causa? La respuesta está dentro de ti.

La causa de tu emoción negativa NO es la situación en sí, una persona o una circunstancia particular que sucede fuera de ti. Las raíces de tus emociones están profundamente dentro de ti, pero en última instancia, eres responsable de cómo eliges dejar que se manifiesten. Te permites sentir emociones negativas como reacción a cosas que suceden fuera de ti, y luego reaccionas según esas emociones. Siempre tienes el poder de elegir emociones diferentes y más positivas, incluso si este es un proceso del que tienes que acordarte conscientemente y que tienes que recorrer. No es un interruptor de luz, es un proceso.

Si sientes una emoción negativa (frustrado, enojado, preocupado, desesperado, etc.), detente y analiza el sentimiento. Intenta identificar qué es ese sentimiento y qué dentro de ti te hace sentir de esa manera. Esta autoconciencia es el primer paso para tomar el control.

¿Tienes miedo de fracasar? Recuerda, el fracaso es una gran parte del éxito y, en la mayoría de los casos, una parte inevitable del proceso. Entonces, si entiendes eso y no permites que sea tu destino final, solo será uno de los desafíos que experimentas y superarás en el camino para alcanzar tus objetivos.

No te dejes afectar por la derrota temporal. Recuerda que es temporal y te indica que necesitas ajustar tus planes. Te enseña algo o te permite experimentar algo necesario para tener éxito.

Como mencioné antes, siéntete agradecido por el conocimiento y las experiencias que se te presentan, incluso si parecen una derrota temporal. Sin ellas, tu éxito sería imposible. Cuando experimentes una derrota temporal, mantén el resultado final en tu mente, no importa cuán lejano pueda parecer. El tiempo de la naturaleza y del universo no es el nuestro, y el éxito puede estar a la vuelta de la esquina.

¿Caes en el hábito de sentir emociones negativas debido a experiencias negativas repetidas en la infancia? Desafortunadamente, muchos de nosotros experimentamos negatividad en la infancia, ya sea intencionadamente o no, en forma de desaliento por parte de nuestros padres, maestros, hermanos u otros niños. Tal vez te dijeron que no eras inteligente, o que no eras atractivo o que nunca lograrías nada. O tal vez te compararon con un hermano o una hermana, o simplemente te ignoraron, haciéndote sentir que no eras querido.

Estos sentimientos de falta de valía pueden tener un efecto duradero en cualquiera, incluso si estas experiencias ocurrieron a una edad muy temprana. Los sentimientos resultantes y los problemas de autoestima arraigan profundamente en nuestra mente subconsciente y pueden afectar cómo nos comportamos años e incluso décadas después, sin que nos demos cuenta.

Disipar tendencias negativas

No reprimas ni ignores las raíces de tus emociones. Permítete reconocer lo que estás sintiendo y trata realmente de entender de dónde viene. Solo entonces podrás disipar su poder. Si no pasas por este proceso, estas emociones negativas inevitablemente volverán —y aún más intensas. Ignorar nuestras emociones es como soplar aire en un globo. Con el tiempo, las emociones se acumulan. Se acumulan cada vez más y, eventualmente, al igual que un globo explotaría cuando ya no puede acumular más aire, llegarás a tu punto de quiebre en una explosión de emociones.

Hacer el esfuerzo de monitorear consciente y consistentemente la forma en que piensas y sientes es fundamental en el proceso de entender tus pensamientos y emociones. Una vez que puedas identificar tus pensamientos y sentimientos y comprender de dónde provienen, tendrás la capacidad de eliminar el poder que tienen sobre ti y optarás por "atravesarlos" y eliminar esos sentimientos negativos. Entonces, optarás por pensar y sentirte realmente de manera positiva.

Ahora puedes permitir que la parte saludable de tu mente tome el control. Con la capacidad de comprenderte a ti mismo, cambiar los pensamientos y sentimientos negativos eventualmente se volverá automático, y el pensamiento positivo y sentirte bien se convertirá en tu segunda naturaleza.

El camino del Maestro

El logro supremo es no conocer otra forma más que la positividad, tanto por dentro como por fuera. Ocurre cuando verdaderamente te has dominado a ti mismo. No solo has dominado tu mente, sino que también has dominado tu ser más elevado, tu esencia verdadera. Este es el lugar de los verdaderos maestros y es un lugar al que todo ser debería aspirar. Sin importar cuánto tiempo pueda llevar, dominarte a ti mismo, a tu ser más elevado, siempre debería ser el objetivo.

El simple intento y proceso de intentar sinceramente dominarnos a nosotros mismos realmente nos hace mejores. El primer paso en el proceso es dominar tu mente: cambiar tu proceso de pensamiento y la forma en que te sientes. Como hemos discutido, cuando dominas tus pensamientos y te sientes bien, tus interacciones con los demás serán positivas. Posees entusiasmo que se vuelve contagioso. Todos prefieren estar cerca de una persona con entusiasmo y energía. Querrán estar cerca de ti porque tu energía positiva les hace sentir bien. Las personas querrán hacer negocios contigo. Tus colegas desarrollarán confianza en ti y lealtad hacia ti. En sus mentes subconscientes, quieren ser parte de tu felicidad y tus victorias, para que ellos también puedan sentirse felices y victoriosos.

Por lo tanto, elige pensar de manera positiva, sentirte bien y actuar en consecuencia. Elige sonreír, mostrar entusiasmo y esforzarte por hacer siempre lo mejor. Estas cualidades son un valioso combustible que te impulsará más rápidamente en el camino hacia tus metas.

No dejes que los obstáculos te hagan tropezar

Recuerda, en el proceso de lograr cualquier cosa, es posible que te enfrentes a decepciones o dificultades. Cuando esto ocurra, no debes olvidar que todas las cosas con las que te encuentres te están preparando para el logro que estás buscando. Mantén el resultado final a la vista: tu objetivo, tu logro. No permitas que los contratiempos activen el lado poco saludable de tu mente y mantengan pensamientos y sentimientos de frustración, preocupación o miedo.

Cuando la decepción o cosas desagradables lleguen a ti, en cuanto sientas que las emociones negativas te dominan, reconócelas como pensamientos y sentimientos poco saludables, reconoce de dónde provienen y toma una decisión proactiva para cambiarlos. Cambia tus sentimientos negativos por positivos al pasar conscientemente de pensar en lo que no deseas a lo que sí deseas. De lo que no te gusta de esa situación a recordarte a ti mismo lo que estás trabajando por alcanzar y cómo esta situación te fortalecerá.

Encuentra la semilla positiva que está ahí para que la aproveches. A veces la verás de inmediato. Otras veces, es posible que no la comprendas por un tiempo. Pero sin importar cuánto tiempo tarde en aparecer, la semilla del beneficio siempre está allí. Puede estar proporcionándote las herramientas necesarias para tener éxito en el siguiente paso de tu viaje hacia el éxito, o puede estar brindándote el conocimiento necesario para comprender y dominar la parte poco saludable de tu proceso de pensamiento. Algunas situaciones simplemente pueden servir para mostrarte lo que no deseas, para que puedas identificar y trabajar hacia lo que deseas de manera más eficiente y efectiva a partir de ese momento en adelante.

> *Cada situación tiene la semilla de algo positivo que surgirá de ella: un beneficio de igual o mayor valor que el desafío que enfrentaste.*
>
> — NAPOLEÓN HILL

Lo que busques, encontrarás

Si observas cualquier situación, podrás encontrar cosas buenas, positivas y agradables, así como cosas malas, negativas y desagradables. De igual manera, encontrarás la misma dicotomía en las personas con las que te relaciones en tu vida. Podrás ver cualidades y características maravillosas que amas de ellas, y también podrás ver sus defectos y cualidades que no te gustan. Todo depende de en qué te enfoques y qué tipo de ojos estás usando para verlos: ¿ojos negativos u ojos positivos? ¿Qué estás buscando y qué eliges ver?

Se ha dicho que si mantienes un pensamiento en particular durante al menos diecisiete segundos, atraerá más y más pensamientos con la misma vibración. Un pensamiento positivo sostenido creará una reacción en cadena de más pensamientos positivos, resultando en energía, comportamientos, acciones y experiencias positivas, lo que a su vez creará más y más energía y experiencias positivas. De la misma manera, pensamientos y sentimientos negativos sostenidos crearán energía y experiencias negativas.

Si entras en una situación o una interacción con la intención de encontrar lo negativo, definitivamente encontrarás todo lo negativo y desagradable de la situación o la persona. Sentimientos negativos surgirán en tu interior y, a su vez, atraerán más negatividad, creando un ciclo negativo. Es una simple ley universal.

Espera cosas buenas

Sin embargo, si eliges mirar a través de ojos positivos, buscar algo positivo y mantener el enfoque en eso, sin importar la situación o la persona con la que estés tratando, te sorprenderás con el resultado. Tu elección de ver lo bueno en cualquier persona o situación generará sentimientos positivos en ti, lo que a su vez producirá sentimientos y acciones positivas en la otra persona también. Tu elección de ver lo bueno resultará en más cosas buenas llegando a ti. Al elegir ver lo bueno, podrás pensar en cosas buenas y, lo más importante, sentirte bien. Y sentirte bien creará un ciclo positivo de eventos que permitirá que tus sueños se conviertan en realidad.

Lidiando con personas difíciles

En ocasiones, podría ser muy difícil al tratar de reconocer qué podría ser bueno en una circunstancia difícil o en una persona complicada con la que estás lidiando. La parte no saludable de tu mente te hace preguntarte por qué te encuentras en esta situación terrible, o por qué tienes que lidiar con esta persona tan difícil.

Estos son los momentos en los que debes realmente buscar en lo más profundo y poner a prueba tu fortaleza. Accede a todo tu poder y recuerda cambiar tus pensamientos y energía a un estado positivo, para que puedas reaccionar con positividad.

Haz la elección consciente de no permitir que esta persona o situación influyan en tus pensamientos y emociones de manera negativa. TÚ controlas tu propia mente y cómo reaccionarás. No permitas que una persona negativa o una interacción tomen el control, ni dejes que una situación se convierta en algo peor. Mantén el enfoque en acciones y reacciones positivas, como la tranquilidad, la paciencia e incluso la preocupación y la compasión. Si la situación escalara negativamente, aléjate de la interacción, dándote tiempo para calmarte y permitiendo que tu mente regrese a un estado neutral, un estado en el que ya no estés enojado, frustrado ni estresado. Para hacerlo, tómate unos minutos sin distracciones para que tu mente realmente se calme y no tenga la oportunidad de regresar a ese estado negativo.

Repite y reinicia

Cuando te sientas más cómodo, reproduce mentalmente la interacción y pon conscientemente en práctica el concepto de autodisciplina. No dejes que tu mente regrese al estado negativo de enojo o frustración.

Vacía tu mente de juicio y, con toda la compasión en tu corazón, concéntrate solo en cómo podrías haber manejado la situación de manera diferente y más positiva. Solo puedes controlar tus propias acciones, así que piensa en lo que TÚ podrías haber hecho de manera diferente para mejorar la situación.

Imagínalo vívidamente en tu mente. Reprodúcelo como una película en la que eres el director y el personaje principal. Usa esta versión editada de repetición como tu intención para futuras interacciones que puedan ocurrir. Al verte manejando una situación de manera positiva en tu mente, ahora tienes las herramientas para guiar de manera proactiva interacciones difíciles.

Toma el camino de la compasión

Practica el amor, la comprensión y la compasión. Es mucho más fácil mantenerte vibrando de manera positiva cuando lo haces. De hecho, el amor es la emoción y la vibración energética más alta, fuerte y poderosa de todas. Asegúrate de no distraerte en este ejercicio y caer en juicios negativos y permitirte volver a un estado mental poco saludable. Es imperativo que practiques la autodisciplina y te mantengas enfocado en la positividad.

Todos los días nos enfrentamos con personas y circunstancias que pueden desafiar nuestra paz y actitud mental positiva. Cuando te enfrentes a una persona difícil, trata de mirar más allá de las palabras y acciones superficiales y comprender los motivos subyacentes de su comportamiento, la verdadera razón detrás de las palabras y acciones. Tal vez esté enfermo... o acaba de recibir malas noticias, o quizás ella tenga un jefe desagradable o una situación difícil en casa con la que lidiar. Cuando tienes compasión, es más fácil pensar en cómo podrías haber manejado la situación de manera más positiva, o cómo planeas hacerlo proactivamente en el futuro.

Mantén la compostura

La práctica te ayudará a ganar autodisciplina para cambiar tu estado mental de negatividad a sentimientos de amor, comprensión y compasión. En este estado, puedes darte cuenta de que las palabras dañinas que estás escuchando provienen de alguien que no sabe cuánto se está lastimando a sí mismo. A través de tu compasión, comprende el dolor de la persona e intenta elevarte por encima de la negatividad, sin ceder ante la ira y la frustración. No dejes que tu ego te controle. Incluso si tienes que usar palabras fuertes para manejar una situación, asegúrate de estar tranquilo por dentro y proyecta compostura hacia la persona frente a ti. Intenta convertirte en una brisa tranquilizadora para él o ella. Hazle saber a la persona que no estás allí para lastimarla, sino para ayudarla a tener éxito. Este es un paso importante que puede devolver a ambos a un estado mental positivo.

Al adoptar este enfoque, te sentirás mucho mejor acerca de la situación y te sanarás mucho más rápido en el proceso. Como resultado, tus pensamientos y sentimientos cambiarán a un estado positivo, e incluso puede ayudarte a cambiar a la positividad más rápido la próxima vez que encuentres un problema. Tu mente será más fuerte y estarás aún mejor preparado para manejar circunstancias difíciles en el futuro.

Como sabes hasta ahora, en cada situación con la que te encuentres, hay alguna semilla de beneficio, algo por ganar. Estás obteniendo conocimiento sobre ti mismo, sobre otra persona o sobre cuál debería ser tu próximo paso en tu camino. Puedes estar adquiriendo herramientas o fortaleciendo tu carácter o tu espíritu. Y así ves, hay una razón para experimentar cada situación porque es parte de tu camino hacia el éxito.

> *La ira y la intolerancia son los enemigos de la comprensión correcta.*
>
> — GANDHI

EJERCICIO: REPRODUCE PELÍCULAS EN TU MENTE

Anteriormente, se te presentó el concepto de visualización. Asegúrate de practicarlo, sin importar cómo estén yendo las cosas a tu alrededor. Todos los días, reserva un tiempo para cerrar los ojos y relajarte. Encuentra un lugar tranquilo si puedes. Si no puedes, practícalo donde quiera que estés.

Cuando te despiertes por la mañana, antes de retirarte por la noche o en cualquier momento que puedas durante el día, cierra los ojos y concéntrate nuevamente en lo que deseas. Reproduce la escena como si fuera una película en tu mente y permítete experimentar incluso los detalles más pequeños de cómo quieres que sea tu vida. No dejes que tus circunstancias actuales o problemas aparten tu mente de lo que realmente deseas.

Diviértete y disfruta de tu visualización. No olvides que la clave está en pintar la imagen en tu mente con tanto detalle que sientas las emociones como si ya lo hubieras logrado. Es muy importante permitirte sentirte bien. Experimenta todos los elementos de cómo deseas que sea tu vida para poder generar buenas sensaciones en tu interior. Estos sentimientos te permitirán comenzar a vibrar en sintonía con tus deseos y, como resultado, estarás en el estado mental adecuado para convertirlos en realidad: tus ideas fluirán, tomarás acciones eficientes, tu inspiración y motivación encontrarán soluciones, y te cruzarás con las personas y oportunidades adecuadas.

Este ejercicio no tiene que llevar mucho tiempo, pero es poderoso. Y para que sea efectivo, debes ser constante en su práctica y convertir estos ejercicios en un hábito.

Después de terminar, no te preocupes por si y cuándo las cosas que visualizas se materializarán. Simplemente CONFÍA en que estás allanando el camino, estás dando pasos positivos, condicionando tu mente, avanzando y todo lo que necesitas para crear la vida que deseas te será revelado.

ELEMENTO ESENCIAL # 4: FE

Al condicionar tu mente para el éxito y crear una "mentalidad triunfadora", hemos dicho que hay cinco elementos esenciales que debes integrar en tu ser. La ausencia de tan siquiera uno de ellos resultará en un fracaso para lograr tus objetivos, en retrasarlos o en la incapacidad de mantenerlos durante algún período de tiempo. Y así llegamos al cuarto elemento esencial en el condicionamiento de tu mente para el éxito: LA FE... la creencia, la confianza y el conocimiento de que lograrás tus metas.

Una vez que hayas determinado lo que quieres y hayas establecido esa intención, sin este cuarto elemento esencial de fe, careces del combustible necesario para impulsarte verdaderamente hacia adelante. Es un poco como declarar que deseas algo pero negar ese deseo porque no estás seguro de merecerlo o de poder lograrlo.

Si sabes lo que quieres con absoluta certeza, debes creer completamente que puedes lograrlo con cada molécula de tu ser. Debes tener FE en que tu éxito está llegando. Este paso puede ser el más difícil para algunos, pero es algo que se puede superar a través de la conciencia y el trabajo interno constante. Es como fortalecer y acondicionar un músculo que nunca ha sido utilizado.

Créerlo, lograrlo

El concepto es simple. Si realmente lo crees, lo lograrás. Encontrarás una manera. Y de manera similar, si crees que algo es imposible o demasiado difícil de lograr, y tienes dudas, será extremadamente difícil o imposible de lograr. Te rendirás en el camino, o ni siquiera comenzarás.

Si crees firmemente que estás en camino de lograr tu objetivo, tomarás los pasos necesarios para llegar allí, harás lo que sea necesario y no te rendirás cuando enfrentes desafíos.

Después de realizar tu primer paso de decidir con certeza lo que realmente deseas, en última instancia, tu fe determinará si alcanzarás tu objetivo o no.

Este es el elemento esencial más crítico necesario para tener éxito en el logro de cualquier objetivo.

"Fe" en este caso no se refiere simplemente a una fe religiosa, aunque si tu fe religiosa es verdadera y pura, ciertamente eso ayudará y puede combinarse con el elemento esencial de fe del que hablamos aquí. El elemento de fe en el condicionamiento de tu mente para el éxito es la creencia sólida, inquebrantable y constante de que, sin importar las circunstancias a las que te enfrentes, alcanzarás tu objetivo o lograrás cualquier cosa que desees en tu vida.

Saberlo en tu corazón

Sin embargo, no es suficiente simplemente creer que puedes hacerlo. Debes REALMENTE SABER sin ninguna duda que LO HARÁS sin importar lo que cueste. La fe es una creencia profunda de que alcanzarás tu objetivo, incluso cuando enfrentes desafíos. La fe también es la aceptación de cada experiencia, buena y mala, como una parte necesaria del proceso. Es fácil tener fe cuando las cosas van según lo planeado. Sin embargo, cuando experimentas un giro inesperado o un retraso, si te enfrentas a una situación frustrante o si haces un intento fallido en una tarea, ahí es cuando la fe puede ser desafiada. Y precisamente en esos momentos es cuando la fe es más importante.

Recibe todo lo que se presente en tu camino con fe y una creencia sólida e inquebrantable de que cada experiencia te está llevando a tu objetivo. Cada experiencia te está preparando y enseñando. Cada experiencia te está brindando la sabiduría, la fortaleza y las herramientas necesarias para llegar a ese maravilloso lugar, el lugar donde tus deseos se hacen realidad y se logran tus sueños.

Encontrando tu fe

Para encontrar y mantener tu fe en lograr el éxito, vacíate de todas las ideas preconcebidas sobre lo difícil que podría ser una tarea. Elimina los pensamientos de cómo no eres lo suficientemente bueno o no tienes suficiente dinero, de lo difícil que podría ser... o cualquier pensamiento negativo que pueda bloquear tu éxito. Es especialmente fácil encontrar excusas para justificar por qué algo no funcionará, por qué no estás progresando o por qué ni siquiera estás intentándolo en primer lugar. Todos estos obstáculos y desvíos pueden desafiar tu fe y te impedirán avanzar.

Sin embargo, una vez que reconozcas tus barreras y te des cuenta de que puedes estar cayendo en un patrón negativo de pensamiento, el proceso puede ser proactivamente dirigido en una dirección positiva.

Aquí hay algunos métodos para ayudarte a encontrar tu fe:

- Vacíate de pensamientos negativos.
- Sé consciente de los pensamientos negativos que te llegan.
- Reconócelos.
- Identifícalos.
- ¡Déjalos ir! De verdad, visualízate a ti mismo arrojándolos a un agujero negro para que nunca regresen.
- Reemplaza estos pensamientos con recordatorios positivos para ti mismo de que el éxito está llegando sin importar qué.

- Recuérdate a ti mismo que este "desvío" es parte del proceso, y te está dando las herramientas y la fuerza necesarias para avanzar hacia tu objetivo. (¡No es una razón para rendirse o sentirte derrotado!)
- Recuérdalo por escrito. En tu diario, mantén una lista de tus intenciones (¡SOLO los recordatorios POSITIVOS de lo que te está llegando!)
- Lee esta lista de intenciones a menudo (especialmente cuando hayas experimentado un contratiempo temporal o una experiencia negativa).
- Lee tu lista en voz alta. La palabra hablada agrega más combustible a la llama de tus deseos. Es muy poderoso.
- Siente los sentimientos de emoción que cada intención te traerá. Lee y siente las emociones positivas como si ya hubieras recibido cada una de ellas.

> *Tu forma de vivir está determinada no tanto por lo que la vida te trae como por la actitud que tú traes a la vida; no tanto por lo que te sucede a ti como por la forma en que tu mente ve lo que sucede.*
>
> — KAHLIL GIBRAN

La fe te permite sentirte feliz a pesar de las circunstancias que quizás no parezcan positivas al principio. La fe es creer que lo que deseas ya es tuyo. Puede tomar un momento, o puede llevar años lograrlo. De cualquier manera, la fe es saber que VA a suceder, y ocurrirá en el momento adecuado.

Ten fe en el Universo

Recuerda, la naturaleza y el universo son perfectos. Elige tener fe en ti mismo. Ten fe en el universo, la naturaleza, un poder superior, una inteligencia suprema o en lo que sea que creas. No importa lo que enfrentes en el camino hacia tu destino, una fe inquebrantable te hace intocable. Ten fe en que cada experiencia te beneficiará de alguna manera, y lo que obtengas de cada una es necesario para llegar a tu destino. Cuando estás vibrando de cierta manera, ya sea sintiéndote bien o mal, el universo responderá a esa vibración y te enviará más personas, situaciones y circunstancias que coincidan con esa vibración. Elige vibraciones positivas.

Recuerda cuando mencioné que incluso estuve sin hogar por un tiempo. Ese es un ejemplo perfecto de cómo las cosas vendrán hacia ti si mantienes una actitud positiva y tienes fe. A pesar de que estaba durmiendo en la calle y a veces tenía que pedirle a completos desconocidos una moneda o cualquier cosa que me pudieran dar para poder comprar comida, nunca perdí mi fe en el universo. Pronto encontré un trabajo de limpieza nocturna en un gimnasio. Pero el magro sueldo no era suficiente para cubrir el alquiler de un apartamento. Uno de los empleados del gimnasio escuchó que estaba buscando un lugar barato donde quedarme, y me abrió su casa, me dio una habitación y me dijo que podía pagarle después. Siempre estaré agradecido por este gesto. Ahora tenía un trabajo, un lugar para dormir y pronto más cosas buenas llegaron a mi camino. Mi jefe en el gimnasio, al ver lo duro que trabajaba y enterarse de mi situación, generosamente me ofreció darme un coche viejo que tenía, diciendo que podía pagarle cuando mejorara mi situación. Así que ahora tenía un trabajo, un lugar para dormir y el transporte para llegar a un segundo trabajo, donde podía ganar más dinero y eventualmente tuve suficiente para alquilar un apartamento. Mi positividad trajo cosas buenas, y eso continuó el ciclo de más y más buenas sensaciones y cosas buenas sucediendo como resultado.

No olvides, es tu decisión vibrar positiva o negativamente. Elige hacerlo de manera positiva, y los resultados positivos seguirán.

" *Nuestra mayor debilidad radica en rendirnos. La forma más segura de tener éxito siempre es intentar una vez más.*

— THOMAS EDISON

Entender la verdadera fe

A veces las personas creen que tienen fe cuando en realidad no la tienen. En sus pensamientos, oraciones o meditaciones se centran en una carga particular (o muchas cargas) y piden que se les alivie de la carga debido al dolor, el estrés o la frustración que les está causando. Se enfocan en sus cargas y los sentimientos negativos, pidiendo que se vayan.

Por ejemplo, alguien puede estar luchando con problemas de dinero y preocupaciones financieras, y hace una oración para que POR FAVOR no vuelvan a experimentar esta falta de dinero y sufrimiento. Tienen tantas facturas y no suficiente dinero en el banco para pagarlas. No quieren estar en deuda nunca más. Se centran en el dolor y el sufrimiento de la deuda y piden que el sufrimiento se vaya. Con este tipo de enfoque, experimentar resultados positivos es difícil. Primero, esta persona está tan enfocada en lo que no quiere, que no hay espacio para pensamientos sobre lo que SÍ quiere y cuán maravilloso sería eso. En segundo lugar, al enfocarse en el sufrimiento y en lo que quieren que desaparezca, siguen en un estado negativo de energía vibratoria. Los pensamientos siguen en la desgracia y los sentimientos negativos que ha causado, por lo que es difícil abandonar ese ciclo de pensamientos, sentimientos y experiencias que surgen como resultado. Cambiar de manera proactiva y constante el enfoque de los pensamientos y las oraciones hacia el objetivo de lo que se desea profundamente cambiará la energía y los resultados en otra dirección, una dirección positiva.

Opuestos de la Fe

Otro ejemplo de la concepción errónea de la fe es alguien que reza o medita con fe y pide algo como una meta. Visualizan esto de manera maravillosa, lo imaginan, lo sienten y se imaginan alcanzando ese logro durante un fugaz momento de emoción. Al terminar de imaginárselo, comienza el siguiente proceso de pensamiento: "¿Cómo podría lograr eso?", lo que lleva a una lista de razones por las que va a ser tan difícil, o tal vez incluso imposible. El proceso de pensamiento descendente incluye ideas como

- No tengo suficiente dinero.
- No sé cómo lograr esto.
- ¿Y si no soy lo suficientemente inteligente?
- No soy atractivo.
- No merezco eso.
- No tengo suficiente tiempo para trabajar en ello.
- ¿Qué pensarán otras personas?
- ¡Eso va a ser tan difícil!
- Nunca consigo lo que quiero, ¿por qué intentarlo?

Estos son ejemplos de los "opuestos de la fe". Pensar de esta manera automáticamente creará un camino de resistencia hacia tus deseos, y este camino te llevará a circunstancias, situaciones y experiencias negativas, lo que retrasará tu proceso o incluso te llevará en dirección opuesta, haciendo que tu éxito sea imposible.

Todo lo que deseas y anhelas está al alcance de tu mano. El proceso es bastante simple: primero debes desearlo. Luego debes creerlo. Luego puedes recibirlo y lograrlo. Si consideras algo como imposible, para ti realmente será imposible. Al centrarte en los obstáculos, no puedes imaginar verdaderamente el éxito en tu mente y creas un torbellino de energía negativa y duda. Vibras en esa frecuencia y continúas enfocándote en cada obstáculo o cada excusa de por qué no puedes hacerlo. Es el ciclo negativo del fracaso.

Pide y recibirás

En muchas enseñanzas antiguas, y particularmente en las enseñanzas de Jesús, se dijo que cuando pides, ya es tuyo, y el Padre ya sabe lo que deseas antes de que siquiera lo pidas. Solo tienes que tener fe en que lo recibirás, ¡y lo recibirás!

Cuando tengas estos pensamientos y sentimientos, el universo y tus acciones se alinearán para hacer que suceda. Todo lo que necesitas se materializará a través de tus pensamientos, ideas, acción constante y situaciones positivas y oportunidades que de allí deriven. Crearás el camino para que tu viaje hacia el éxito sea posible.

Ten fe en que todas las personas, situaciones y experiencias que necesitas para tener éxito se te presentarán en el momento adecuado en tu camino hacia tus deseos. Mantente enfocado en lo que pediste. Toma acción constante. Ten fe y siéntete bien, siéntete feliz de que está por venir.

Manteniendo tu Fe

Por supuesto, planificar tu curso de acción es necesario, y hay pasos y subpasos que debes seguir para lograr tus objetivos. Pero debes seguir esos pasos con fe y sin miedo. Mantener una fuerte creencia a lo largo de tu viaje te mantendrá avanzando, a pesar de cualquier desafío o evento inesperado. La naturaleza y el universo, con toda su sabiduría, proporcionarán todo lo que necesitas en el momento adecuado.

Si deseas cultivar un árbol de duraznos, hay varios pasos que debes seguir, así como las herramientas y suministros que se requieren. Una vez que planifiques, prepares y sigas los pasos correctos para plantar y nutrir la semilla, esta crecerá. La naturaleza se encarga de eso en el momento adecuado. Si lo verificas inmediatamente al día siguiente y no ves el árbol, ¡no te marcharías desanimado porque tu árbol no apareció lleno de duraznos! Aquí es cuando necesitas tener fe inquebrantable. Aquí es cuando sabes que no puede haber otra manera. El árbol necesita tiempo para crecer, pero crecerá. Tu árbol de duraznos estará allí dando su fruto... en el tiempo que le corresponde.

Cuando enfrentes desafíos o sientas dudas, impaciencia o desaliento, es entonces cuando debes utilizar el poder de tu pensamiento positivo para cambiar intencional y conscientemente tus pensamientos. Como aprendimos anteriormente, cambiar tus pensamientos cambiará tus sentimientos... lo que cambiará tu energía... y en última instancia cambiará tus experiencias. Tu éxito ya está en camino. Solo tienes que estar listo para recibirlo y tener la FE para creer que ya es tuyo.

ELEMENTO ESENCIAL #5: PACIENCIA

Mi camino para convertirme en campeón mundial de kickboxing no fue algo que recorrí de la noche a la mañana. Aprendí de maestros antiguos, profesores de éxito contemporáneos, entrenadores y mis propios errores y triunfos. Pero puedo compartir todas estas cosas contigo hoy debido a lo que aprendí en mi camino para lograr mi sueño de convertirme, no solo en campeón mundial de kickboxing, ¡sino en campeón mundial siete veces!

El quinto y último elemento esencial fundamental para condicionar la mente es la paciencia. La paciencia fue una cualidad que aprendí muy bien a través de mi propio viaje. Al mirar hacia atrás y reflexionar sobre la importancia de los cinco elementos esenciales, me di cuenta de que la paciencia fue una de las más difíciles pero vitales para mí.

La paciencia va de la mano con la fe. El elemento de la paciencia te permitirá soportar el tiempo que sea necesario y el trabajo requerido para llegar a donde vas. Mientras me entrenaba física, mental y espiritualmente para convertirme en campeón mundial, siempre hubo un deseo ardiente dentro de mí que me mantuvo enfocado, disciplinado y comprometido. El camino fue largo, pero sabía que no me detendría hasta lograr el título. Mirando cada paso que di en el camino, veo el propósito de cada minuto, hora, día, mes y año que me llevó a lograr mis sueños. Aprendí a buscar y reconocer las herramientas y la fuerza que obtuve de cada experiencia, dificultad y contratiempo, así como de cada pequeño triunfo. A veces, los beneficios no se comprenden hasta más tarde, especialmente los eventos que inicialmente parecían desvíos o fracasos. Pero mirando hacia atrás en todo eso, lo entiendo, y ahora uso esas experiencias y sabiduría para ayudar a otros en sus propios viajes.

Encontrar alegría en el proceso

El arte de la paciencia puede ser difícil de dominar, especialmente cuando nos sentimos tan emocionados por la vida que esperamos lograr. No apresurar el momento perfecto del universo y saber que el éxito llegará exactamente cuando debe llegar, en sí mismo es un desafío. Por supuesto, siempre sigues trabajando hacia tu objetivo y haces lo que necesitas hacer para mantener el impulso hacia adelante, pero al mismo tiempo, debes tener paciencia y desarrollar la capacidad de estar tranquilo cuando no se requiere acción. Además, si estás trabajando en dominar los fundamentos de los cinco elementos esenciales, llegarás a encontrar alegría en el proceso de crear la vida ideal. Encontrarás razones para estar feliz y agradecido en el momento PRESENTE, no solo esperando experimentar tu verdadera felicidad cuando se alcance tu objetivo. Aprovecha al máximo y encuentra alegría en cada momento presente. Trabaja en lo que necesitas, pero también asegúrate de hacer cosas para sentirte bien todos los días.

Como hemos discutido (y se repite a menudo porque es tan importante), cuando ya sabes lo que quieres con certeza, tu tarea es crear un estado vibracional positivo dentro de ti, en sintonía con tus deseos positivos, para poder crear el camino más eficiente para hacerlos realidad.

Cuando tu energía se alinea con tus deseos, el elemento esencial de la paciencia te permite mantener tu fe y permite que el universo te presente todo lo que necesitas exactamente cuando lo necesitas. Puede funcionar en un calendario ligeramente diferente al tuyo, así que la clave es nunca dudar de que tu éxito está llegando y avanzar pacientemente con lo que necesitas hacer.

Haciendo tu pedido

Imagina que estás comprando cosas que te encantan por internet. Has estado navegando, admirando cada artículo y has marcado las páginas de los artículos que simplemente no puedes dejar pasar. Digamos que es viernes por la tarde, alrededor de las 4:00 pm. ¡Has decidido que hoy es el día y ahora es el momento de hacer tu pedido! Tomas tu tarjeta de crédito y completas felizmente tu pedido aproximadamente a las 4:05 pm. y estás expectante porque tus artículos serán entregados en tu casa en algún momento pronto. Sabes que vienen y ¡estás emocionado!

Ahora, digamos que a las 4:15 pm, apenas diez minutos después, te estás preguntando dónde están tus cosas y por qué está tardando tanto. Impacientemente miras tu reloj, caminas de un lado a otro en tu casa, miras por la ventana y te preocupa que los artículos ni siquiera vayan a llegar. Llamas a la tienda para quejarte porque aún no has recibido tus productos y le preguntas a la representante si está absolutamente segura de que realmente los enviarán. Esto suena bastante tonto, ¿verdad? Sin embargo, ilustra el punto de cómo a menudo decidimos lo que queremos, estamos emocionados al principio, luego por varias razones nos impacientamos y empezamos a dudar y preguntarnos si lo que hemos pedido siquiera se materializará.

En nuestro ejemplo, cuando se realizó tu pedido, requeriría cierto tiempo para que se procesara, se llenara y se entregara. Se necesita tiempo para registrar el pedido, acceder al producto, empacarlo, envolverlo y enviarlo o ponerlo en un camión para la entrega. Siempre recuerda, una vez que "realizas tu pedido", tu tarea es simplemente sentirte feliz y emocionado de que ¡tu artículo está en camino! No tienes que dudar ni preguntarte sobre eso. ¡Está ordenado y pagado! Ten paciencia sabiendo que llegará a ti tan pronto como sea posible, en el tiempo que se necesita para procesar tu orden en particular. Algunos productos pueden ser despachados más rápidamente que otros. Pero una vez que hagas el pedido, relájate sabiendo que llegará.

Siéntete feliz mientras esperas

Mencioné antes que a veces necesitamos relajarnos y estar tranquilos cuando no se requiere acción. Sin embargo, ¿cómo sabemos cuándo NO se requiere acción? Esto puede ser difícil de determinar, especialmente cuando deseamos con muchas ganas lograr algo y estamos trabajando extremadamente duro para que suceda. Al trabajar tan duro, a veces convertimos el proceso en algo tedioso y doloroso. Hubo un tiempo en que las personas creían que a menos que el proceso fuera difícil y doloroso, la recompensa no era merecida. Sabes, eso de "sin dolor, no hay ganancia".

> *No hay nada que agote el cuerpo como la preocupación, y quien tiene fe en Dios debería avergonzarse de preocuparse por cualquier cosa en absoluto.*
>
> — GANDHI

"Trabajar" hacia algo maravilloso y alegre debería sentirse maravilloso y alegre. El camino más eficiente hacia tu objetivo no debería ser doloroso y tedioso. Sí, habrá momentos en los que se requiera esfuerzo y autodisciplina, pero el enfoque en la alegría de lo que estás persiguiendo debería permitirte mantener una mentalidad positiva durante todo el viaje. De lo contrario, es posible que no sea el camino correcto o el más eficiente para ti.

Cuando estás vibrando en sintonía con tus deseos y con el universo, a veces NO se requiere trabajo, y simplemente debemos sentarnos, observar y esperar a que se nos muestre el camino. No tenemos que preocuparnos ni pensar qué camino tomar. Simplemente sabemos que el siguiente paso hacia nuestro destino se iluminará cuando sea el momento adecuado. Esta "iluminación" puede manifestarse en forma de encuentro en el momento justo con la persona adecuada que nos ayudará a avanzar hacia nuestro objetivo. Puede ser una circunstancia que se nos presente y que simplemente se siente correcta, y no hay absolutamente ninguna duda en nuestra mente de que es la elección adecuada. Siempre y cuando estemos vibrando positivamente, nuestro proceso no debería implicar un trabajo tedioso que nos haga sentir miserables.

El camino correcto se SENTIRÁ correcto.

Los pedidos grandes no tardan más

No importa cuán grandes o pequeñas sean tus metas. Esas medidas de magnitud solo existen en nuestras mentes, cuando en realidad, en términos de entrega por parte del universo, no importa. A menudo pensamos que si una meta es más grande, debe ser más difícil de alcanzar. Sin embargo, para que CUALQUIER COSA se materialice en nuestras vidas, grande o pequeña, nacerá de la misma manera: como resultado de nuestros pensamientos y estado vibracional correspondiente. Nuestra tarea es formular una imagen clara de lo que queremos y luego hacer lo que sea necesario para mantener una mentalidad y energía positiva. Y cuando enfrentamos desvíos, retrasos u obstáculos, debemos recordarnos a nosotros mismos que estamos obteniendo herramientas y fortaleza. Busca y encuentra las semillas de beneficio, luego relájate y ten paciencia.

Las limitaciones de la lógica

Como seres humanos, nuestras mentes están siempre activas. Siempre estamos buscando soluciones a problemas y buscando respuestas lógicas a preguntas. En nuestra prisa por lograr el éxito lo más rápido posible, olvidamos la paciencia y olvidamos que no deberíamos estar forzando que las cosas sucedan antes de su tiempo. A veces buscamos respuestas que nos guían en la dirección correcta, pero otras veces, cuanto más nos esforzamos por buscar respuestas lógicas, más difícil se vuelve encontrarlas, y terminamos perdiendo nuestro buen juicio. Estamos buscando respuestas cerebralmente y tratando de decidir casi científicamente hacia dónde debemos avanzar a continuación en nuestro camino. En esos momentos, es posible que estemos motivados por la frustración, la desesperación, la impaciencia u otras emociones negativas, y no podemos tomar decisiones sabiamente. La mayoría de las personas usan la lógica y el razonamiento consciente para encontrar respuestas cuando hay momentos en los que puede ser mejor encontrar las respuestas de otra manera. La lógica tiene muchas limitaciones, está limitada a la información proporcionada por los sentidos y, a veces, el conocimiento que necesitamos se encuentra más allá de los sentidos.

Oigo y olvido... Veo y recuerdo... Hago y entiendo.

— *ANTIGUO PROVERBIO CHINO*

Como parte del proceso de desarrollar el elemento esencial de la paciencia en el Método Maestro, debemos obtener un poco de comprensión sobre el conocimiento y las tres formas en que adquirimos el conocimiento.

La adquisición de conocimiento

Hay tres tipos de conocimiento que adquirimos de diversas maneras:

- Conocimiento a través de los sentidos
- Conocimiento a través de la experiencia
- Conocimiento a través de la intuición

El primer tipo es el conocimiento que obtenemos a través de nuestros sentidos. Este es el conocimiento que podemos procesar a partir de lo que vemos, oímos, tocamos y saboreamos. Todo este conocimiento nos proporciona información que procesamos en nuestros cerebros para entender lo que tengamos frente a nosotros.

El segundo tipo de conocimiento es el conocimiento que adquirimos a través de la experiencia. Al experimentar, aprendemos y adquirimos conocimiento que no olvidaremos porque se almacena en nuestros recuerdos de experiencias y en nuestras mentes subconscientes. Aunque es posible que no recordemos conscientemente una experiencia, nuestra mente subconsciente nunca olvida.

El tercer tipo de conocimiento se adquiere a través de la intuición. Este es el conocimiento que obtenemos a través de nuestro "sexto sentido" y nos guía en nuestras vidas. La intuición nos lleva más allá de lo que podemos ver y más allá de nuestro pensamiento lógico. No podemos confirmar ni ver la respuesta; simplemente lo sabemos. La intuición es el sentimiento interior... la sensación que tienes sin lógica ni juicio. A veces, todas las pruebas lógicas te señalan en una dirección, pero tu intuición te lleva en otra.

Confía en tu intuición

Cuando dejas que tu mente trabaje con tu intuición, ya no es tu intuición la que está trabajando, sino tu cerebro... tu lógica.

La intuición es el conocimiento más poderoso de todos. No se basa en los sentidos, sino en la verdadera esencia del asunto, que no siempre es comprensible por el cerebro o el pensamiento lógico. La intuición no tiene limitaciones en el tiempo y está conectada a un plano superior de existencia. Tu intuición está en conexión directa con el universo, la naturaleza, el poder supremo o la inteligencia suprema. Cuando realmente aprendes a usar tu intuición, tienes a tu disposición una increíble fuente universal de conocimiento para guiarte.

Si te enfrentas a una decisión en una encrucijada, deja que tu intuición te diga cuál es el camino correcto. Un camino siempre te parecerá instintivamente mejor que el otro. Siempre y cuando estés usando realmente tu intuición y no tu pensamiento lógico, sabrás qué camino tomar. Incluso podría resultar ser el camino que menos esperabas, pero si realmente confías en tu intuición al tomar tu decisión, demostrará ser el camino que estaba destinado a llevarte a tu destino.

Si pusieras a prueba la precisión de tu intuición, te sorprenderías al darte cuenta de que, sin que la lógica de la mente nuble una decisión, la respuesta correcta siempre es simple. Siempre y cuando dejes de lado cualquier pensamiento lógico y las ideas preconcebidas de lo que CREES que es lo correcto, puedes aprender a descubrir y sentir el increíble poder de tu intuición.

Si llegas a un punto en el que no estás seguro del próximo paso a dar, no intentes apresurar la respuesta. Apresurarse para avanzar y buscar desesperadamente la respuesta no hará que aparezca de repente. Incluso podría llevar a decisiones impulsivas que retrasen tu proceso. A veces, simplemente necesitas esperar... con paciencia. Siéntate, aclara, relaja tu mente, y observa, casi como ver una película... y observa cómo el siguiente paso se desarrolla naturalmente frente a ti. Cuando sea el momento adecuado y estés listo para recibirlo, el siguiente paso te será mostrado. Siempre mantén en mente tu resultado final, siéntete feliz de estar en camino de recibirlo, y ten fe y paciencia de que el mejor camino te será presentado exactamente cuando deba ser.

EJERCICIO: NO TE PREOCUPES POR COSAS PEQUEÑAS

El ejercicio de la paciencia puede ser extremadamente difícil. La mente siempre está apurada, queriendo que las cosas se hagan de inmediato o buscando respuestas al instante, incluso si no estamos listos para recibirlas. Siempre queremos forzar a la naturaleza para que nos dé lo que queremos cuando lo queremos, y a menudo olvidamos que el tiempo de la naturaleza no siempre es nuestro tiempo.

Una forma de ejercitar la paciencia es practicar con cosas pequeñas. Por ejemplo, esperar en la fila del supermercado o detenerse en un semáforo en rojo son oportunidades perfectas para practicar el arte de la paciencia. Permitirte sentirte irritado o desesperado en estas situaciones nunca ayuda a que las cosas se muevan más rápido. De hecho, al ceder a emociones negativas, te estás preparando para atraer más circunstancias que te frustrarán y te retrasarán. Entonces te encuentras en un estado negativo que sigue generando emociones negativas en tu interior. Toma una decisión consciente para cambiar esa energía.

Practica mantener tus pensamientos y emociones positivas a lo largo de tu día, en situaciones grandes y pequeñas, especialmente cuando necesitas esperar o cuando te retrasas o tienes prisa por llegar a algún lugar. Cuando sientas que están surgiendo emociones negativas, reconócelas y toma un momento para desacelerar y pausar intencionalmente. Respira profundamente... relaja tu mente, recuerda que esto está fuera de tu control y está bien. No vale la pena que esta situación te robe la paz. Dirige tus pensamientos hacia algo que te haga sentir bien, como algo que esperas con ansias o alguien que te brinda alegría, y enfoca tu atención en cambiar tus pensamientos y emociones de manera positiva. Libérate de la tensión. Elige sentirte bien en esos momentos y permíteles que pasen.

Es hora de agregar una nueva lista a tu diario, una lista de ejercicios y estrategias pequeñas que planeas usar para desarrollar tu paciencia. Escribe esta lista de ejercicios de paciencia y revísala regularmente para recordarte las cosas que planeas hacer, especialmente en esos momentos en los que te sientes impaciente.

Recuerda: esfuérzate por hacer que cada momento presente de tu vida sea positivo utilizando tus elementos esenciales fundamentales de gratitud, humildad, positividad, fe y paciencia. Incluso si experimentas dificultades, tienes el poder de volver a un estado mental positivo, superar tus desafíos más rápidamente y mantenerte en camino para alcanzar tu destino.

> *No hay una forma lógica para el descubrimiento de estas leyes elementales. Sólo existe el camino de la intuición, ayudado por la sensación del orden que subyace detrás de la apariencia.*
>
> — ALBERT EINSTEIN

PASO 3: DISEÑANDO UN PLAN A PRUEBA DE BALAS:

MAPEANDO UNA RUTA DETALLADA PARA GARANTIZAR TUS VICTORIAS

PLANIFICANDO PARA EL ÉXITO

Estás en camino hacia una vida maravillosa, ahora que has elegido tu destino (Paso 1: **Definir lo que deseas**) y estás trabajando activa y conscientemente en lograr el estado mental más saludable y positivo posible (Paso 2: **Acondicionar tu mente**) para el viaje y más allá. Ahora estás listo para realmente diseñar un plan con pasos de acción que te permitirán materializar tus deseos con el Paso 3 del Método Maestro: **Diseñando tu plan de acción para triunfar.**

¡Aquí es donde realmente COMIENZA la emoción! Ya tienes tu objetivo en tu mente. Lo has escrito. Lo has leído. Lo has vuelto a leer. Lo has visualizado en todos los sentidos. Ahora avancemos hacia tu destino creando un PLAN ganador para que tengas un mapa de carretera claro y detallado para seguir.

Haz un Plan y comprométete con él

Cuando era adolescente, me levantaba muy temprano en la mañana y hacía 180 flexiones, 180 abdominales, 180 sentadillas y 1,000 patadas fielmente todos los días antes de ir a la escuela. Nunca falté un día. Hace unos años, me encontré con alguien con quien salía en mis primeros días de entrenamiento. En esa conversación, me recordó que siempre la hacía esperar antes de salir. Tenía un entrenamiento establecido que formaba parte de mi plan para convertirme en campeón mundial y nada, ni siquiera una cita entretenida, podía apartarme de mi rutina de entrenamiento disciplinado. Si establecía 180 flexiones como mi objetivo, entonces hacía 180 flexiones, no 100 … ni 150 … ni siquiera 179. Tenía mi plan y me mantuve en él, sin desviarme.

> *El poder de la comprensión intuitiva te protegerá del daño hasta el final de tus días.*
>
> — LAO TZU

TRAZANDO TU RUTA HACIA EL ÉXITO

Una vez que sepas sin lugar a dudas cuál es tu destino y estés trabajando en condicionar tu mente para mantenerte en la forma mental más fuerte, positiva y óptima posible, necesitarás un detallado mapa de ruta para llegar allí. Así que comienza por delinear tu plan. Si te saltas este paso importante, podrías terminar desperdiciando tiempo y energía yendo de manera desorganizada por caminos que solo retrasarán tu éxito. Tu plan de ruta detallará tus pasos y te permitirá tomar la ruta más eficiente y oportuna hacia tu objetivo final. Una vez que hayas trazado tu plan, tus pensamientos, sentimientos y energía positiva se dirigirán y trabajarán de manera más eficiente para crear oportunidades y experiencias que te permitirán alcanzar el éxito.

¿Por qué hacer un plan?

Imagina que vives en Buffalo, Nueva York, y decides hacer un viaje por carretera a Los Ángeles, California. Estás emocionado por ir a LA, anticipando el olor del océano y el calor de 80 grados, y esperas estar en la costa oeste muy pronto. Podrías simplemente subirte a tu auto sin GPS ni mapa, adivinar qué dirección es oeste y comenzar a conducir. En cada cruce, adivinarías qué dirección tomar, solo para descubrir que estás equivocado, retrasando tu viaje. No estás seguro de dónde estás ni cómo llegar a donde vas, y pronto sientes como si hubieras estado conduciendo sin rumbo y no hubieras avanzado en absoluto.

Hacer un viaje de esta manera crearía frustración interminable (sin mencionar que gastarías mucho tiempo y gasolina), y como no tienes dirección y has estado conduciendo en círculos sin hacer ningún progreso, incluso podrías abandonar y decidir no hacer el viaje en absoluto. Sabías a dónde querías ir, pero no tenías un plan de cómo llegar.

Por otro lado, planificar cuidadosamente tu ruta y tener un mapa antes de comenzar tu viaje haría que éste fuera mucho más agradable y llegarías a tu destino más rápido. No te preocuparías en el camino, ya que lo planificaste con anticipación, e incluso podrías disfrutar del paisaje, sentirte relajado y esperar con ansias tu llegada. Incluso si te encuentras con obstáculos inesperados, desvíos, tráfico o mal clima que no estaban en el plan original... siempre y cuando mantengas tu destino en mente... y tu plan permita pequeños desvíos, puedes hacer ajustes. Al final, incluso podrías encontrarte en un camino mejor.

> *Crea un plan definido para llevar a cabo tu deseo y comienza de inmediato, ya estés listo o no, a poner este plan en acción.*
>
> — NAPOLEON HILL

Incluye flexibilidad en tu plan

El propósito de desarrollar tu mapa de ruta es determinar y delinear específicamente lo que necesitas hacer para lograr tu objetivo. Estos son los pasos exactos que tomarás para llegar a tu destino final. Aunque estés creando un plan detallado, siempre permite desafíos y desvíos inesperados, y prepárate para revisar los pasos según sea necesario. Siempre y cuando tomes acción constante y mantengas la fe de que los desafíos están destinados a proporcionarte las herramientas que necesitas para seguir avanzando, ¡SEGUIRÁS avanzando! Planifica bien, toma acción, pero siempre sé flexible.

Una vez que hayas delineado tu plan, recuerda que no es definitivo, rígido ni estático. Está destinado a ser una guía sencilla y MODIFICABLE para ayudarte a tomar pasos de acción, lo que te permitirá perseguir tu objetivo paso a paso. Debes ser capaz de ajustar tu plan y adaptarlo cuando te des cuenta de que uno de los pasos puede no estar funcionando, o si te está llevando en la dirección equivocada.

Si llegas a un punto en el que no estás seguro de cómo ajustar tu plan o qué camino tomar, no entres en pánico. Haz una pausa, relájate, respira, observa y escucha. Confía en tu intuición y ten fe en que las respuestas vendrán. A veces, esa pausa es un descanso necesario para reevaluar, recargar energías y despejar tu mente para ver las cosas desde diferentes ángulos. Trata de estar receptivo y abierto a las respuestas, soluciones y oportunidades cuando y como se te presenten. No te preocupes por cuándo y cómo sucederá. Simplemente ten fe en que el camino correcto se te presentará en el momento adecuado.

Si las cosas no se sienten bien, confía en ese sentimiento. Luego, sé receptivo a las otras oportunidades que están esperando que las notes. Sé activamente abierto a recibir respuestas. El camino correcto se SENTIRÁ correcto. Siéntate y relájate por un momento, o quizás durante unos días o incluso unas semanas. Abre tu mente, investiga opciones y observa a las personas, situaciones y posibilidades a tu alrededor. Ten paciencia y ten una fe inquebrantable en que el camino correcto te será mostrado. Y cuando se te muestre y se sienta correcto, ¡ACTÚA!

Los obstáculos en el camino te hacen más fuerte

En tu camino hacia el éxito, recuerda que las personas y experiencias que encuentras te están proporcionando las herramientas, la fuerza y el carácter necesarios para completar el resto de tu trayecto. Ninguna experiencia o encuentro es una pérdida de tiempo. Siempre te beneficiarás de cada persona que conozcas y de cada experiencia, incluso si al principio parece ser un desafío difícil.

Por ejemplo, las personas difíciles y las experiencias problemáticas nos enseñan paciencia, compasión y perseverancia. Acepta a cada individuo y experiencia que encuentres con gratitud, porque te estás convirtiendo en una persona más fuerte, sabia y paciente como resultado. Estas experiencias te están preparando para el próximo paso en la consecución de tu objetivo y de los objetivos futuros. No te desanimes y mantén tu vista en tu destino. Avanza a través de las dificultades, supera los obstáculos en el camino y sortea los bloqueos, porque una vez que salgas al otro lado, entenderás cuánto más fuerte eres. Te encontrarás incluso más cerca de la vida de tus sueños, siempre y cuando sigas avanzando de manera positiva.

Recordatorios visuales

Ya sabes lo que quieres y lo has escrito. Ahora, ¡escríbelo de nuevo y dilo en voz alta! Dilo como si ya lo tuvieras y expresa cómo te sientes al respecto. Por ejemplo, "¡Estoy tan feliz de haber comenzado mi propio negocio y ser financieramente libre!" Escríbelo en un trozo de papel y pégalo en tu espejo. Pon otro en tu billetera, en tu escritorio y en tu auto. De hecho, ¡deja este libro por un momento, escríbelo y dilo en voz alta ahora mismo!

Cuanto más te recuerdes a ti mismo tu destino, más te mantendrás en el estado mental adecuado, y esto te permitirá seguir avanzando.

UN PASO A LA VEZ

Ahora es el momento de determinar claramente los pasos exactos necesarios para llegar a donde quieres ir. Comienza escribiendo un esquema de los objetivos que deben lograrse para alcanzar tu meta. Bajo cada objetivo, detalla gradualmente los subpasos, hasta que tengas una estrategia muy clara y detallada. Luego descompone estos subpasos aún más en listas de tareas diarias o semanales. Cada objetivo puede definirse como una pequeña meta en sí misma, que te llevará a tu meta más grande. A medida que logres cada paso, ¡asegúrate de celebrar cada uno de ellos!.

Definir pasos que vayan aumentando poco a poco te permite enfocarte en pequeñas metas a corto plazo una a la vez. A menudo, si una meta es demasiado grande, parece inalcanzable porque se siente muy lejos. Puedes encontrarte perdido, desanimado o impaciente, e incluso podrías rendirte porque la gran meta parece tan lejana. Sin embargo, si divides la gran meta en metas más pequeñas, te sentirás realizado en el camino y finalmente alcanzarás la gran meta de manera mucho más eficiente.

En las artes marciales, obtener un cinturón negro es un viaje. El primer paso es aprender las técnicas más básicas para obtener tu primer cinturón. Después de obtener ese cinturón, el enfoque se cambia hacia el siguiente conjunto de técnicas para obtener el siguiente. Cada nivel tiene su propia lista de requisitos para lograr ese cinturón. Cada cinturón se celebra como un logro propio, pero al mismo tiempo, el estudiante tiene en mente el objetivo final: el cinturón negro.

De manera similar, si deseas convertirte en médico, hay pasos específicos, como clases de pre-medicina, el examen MCAT y ganar una cierta cantidad de experiencia práctica para ser aceptado en la escuela de medicina, y cada uno de estos pasos es una pequeña meta en sí misma. Una vez en la escuela de medicina, cada clase también puede considerarse una pequeña submeta hacia tu objetivo final de convertirte en médico. Toma cada paso de manera incremental, obteniendo tus pequeños logros, pero siempre teniendo en mente y visualizando hacia lo que estás trabajando en última instancia. Realmente TE VES alcanzando tus metas y siente la emoción AHORA.

Pequeños pasos suman para obtener grandes logros

No importa lo que esperes lograr: perder peso, ganar cierta cantidad de dinero o mejorar una relación; es vital delinear tu plan para alcanzar tu objetivo de manera más eficiente. Dividir tu gran meta en metas más pequeñas permite lograr victorias pequeñas que te harán sentir exitoso en el camino. Estas victorias te motivarán a trabajar aún más duro y entusiastamente hacia el siguiente paso. Eventualmente, cada paso se cumplirá y alcanzarás tu destino final.

Este concepto se repetirá una y otra vez porque es tan vital: Mantén siempre tu objetivo en mente. Incluso mientras das los pequeños pasos y celebras tus logros, nunca pierdas de vista el destino final. Es una habilidad importante poder acercar y alejar el zoom constantemente, siendo capaz de ocuparte de tus tareas diarias, mientras recuerdas hacia qué estás trabajando en última instancia.

Mantén tus ojos en el premio

A veces es posible sumergirse tanto en los pasos más pequeños que olvidas a dónde te diriges. Es demasiado fácil quedarse atrapado en el proceso y nunca llegar a tu destino final. Puedes volverte demasiado cómodo donde estás y perder tu motivación, o desanimarte porque no está sucediendo lo suficientemente rápido.

Mantener en mente tu objetivo final te ayudará a superar las circunstancias inesperadas que pueden frustrarte o desafiar tu motivación para seguir adelante. A veces, el "desorden" del pasado del que hablamos anteriormente comienza a acumularse en nuestras mentes nuevamente, especialmente si nos enfrentamos a desafíos. Permitimos que el miedo, la falta de dignidad o las dudas afecten nuestros pensamientos y acciones, o llegamos a un punto en el que no queremos abandonar nuestra zona de comodidad física, mental o emocional. Es en esos momentos cuando realmente debes confiar en tu fe en el universo, tener paciencia y recordar que tu camino te LLEVARÁ a donde deseas ir. Alcanzarás tu destino, siempre y cuando te mantengas positivo, te sientas bien y SIGAS TOMANDO ACCIÓN. Continuarás avanzando y encontrarás el camino. Recuerda constantemente el maravilloso resultado final que estás trabajando para lograr y continúa con el impulso hacia adelante con paciencia y fe.

Sumérgete en actividades y pasa tiempo con personas que te hagan sentir bien, se alineen con tus intenciones y compartan tu energía positiva. También es muy poderoso rodearte de personas con ideas afines y metas comunes que puedan estar en un viaje similar.

Pueden proporcionarte inspiración, aliento e ideas debido a sus intereses similares.

Vuelve a la lista de "Cosas que te hacen sentir bien" que hiciste en el Paso 1 y úsala para revitalizar tu mentalidad positiva. Lee libros que te hagan sentir bien y que puedan iluminarte con conocimientos útiles. Mira programas que te hagan feliz. Ejercítate y mantente activo para que tu cuerpo se sienta saludable. Rodearte de lo que te brinda paz y felicidad generará una energía increíblemente poderosa para mantenerte en el camino correcto. Aquí tienes un recordatorio de algunas formas de sentirte bien:

- Sal a caminar o haz ejercicio
- Medita
- Pasa tiempo con personas positivas que te hagan sentir feliz
- Mira una película divertida
- Práctica tu deporte favorito
- Escucha música que te suba el ánimo
- Experimenta la vistas y los sonidos de la naturaleza
- Pasa tiempo con una mascota querida
- Visita la librería y busca libros y música que te hagan sentir bien
- Disfruta de una comida deliciosa (y saludable)
- ¡LEE ESTE LIBRO DE NUEVO!
- Haz lo que te haga sonreír, reír y sentirte alegre
- Haz lo que te traiga paz

PON TU PLAN EN MARCHA

Ahora que has aprendido cómo trazar tu plan, ¡es hora de tomar acción! Comienza de inmediato, mientras todo está fresco en tu mente. Usa el siguiente ejercicio para sacar las ideas de tu cabeza y plasmarlas en papel. Una vez que comiences, te sentirás inspirado y tendrás tu mapa de ruta y listas de tareas pendientes. Te sentirás empoderado para tomar acción y tachar tus casillas, enfocándote en un pequeño paso a la vez.

Así que "mantente en el coche", sin importar los giros y vueltas que puedan surgir... sigue avanzando y, antes de que te des cuenta, llegarás al destino de tus sueños. Una vez que conozcas el Método Maestro y pongas en práctica todos sus pasos, tendrás el sistema, las herramientas, la sabiduría y la fortaleza para lograr tantas cosas diferentes, en todas las áreas de tu vida.

EJERCICIO: LISTA DE VERIFICACIÓN DE PASOS

En tu diario, anota al menos cinco pasos necesarios para alcanzar tus objetivos en cada una de las cinco áreas de tu vida: Carrera, Finanzas, Relaciones, Salud y Paz Interior.

Establece un plazo o fechas específicas para completar cada paso e indícalo claramente.

Luego, crea listas de tareas diarias de acciones que debes realizar para lograr esos pasos, y cada vez que completes una tarea, siente que estás avanzando y satisfecho por estar cada vez más cerca de tu objetivo final.

Ten en cuenta que puedes agregar y modificar pasos en el camino. Si algo no está funcionando, revisa tu plan y corrígelo. Planifica bien, pero permítete flexibilidad.

Y para hacerlo aún más divertido, incluye algunas mini recompensas para ti mismo a medida que logres tus hitos. Por ejemplo, cada vez que alcances una meta, puedes celebrar con una comida especial, una salida o un día libre para relajarte. Esto puede mantener el proceso inspirador para ti en el camino hacia tu destino final.

¡Solo sigue adelante, tú puedes lograrlo!

CARRERA		FINANZAS		RELACIONES	
Paso	Fecha	Paso	Fecha	Paso	Fecha
1. a. b. c.	1. a. b. c.	1. a. b. c.	1. a. b. c.	1. a. b. c.	1. a. b. c.
2. a. b. c.	2. a. b. c.	2. a. b. c.	2. a. b. c.	2. a. b. c.	2. a. b. c.

SALUD	PAZ INTERIOR
Paso	Fecha
1. a. b. c.	1. a. b. c.
2. a. b. c.	2. a. b. c.

PASO 4: TOMANDO ACCIÓN DETERMINANTE:

ACTIVANDO TU PLAN PARA CONVERTIR TU VISIÓN EN REALIDAD, CREAR LA VIDA QUE TE MERECES Y QUE SIEMPRE SOÑASTE

¡Felicidades por completar el Paso 3 del Método Maestro! En esta etapa, diseñaste un plan ganador con pasos detallados para alcanzar tus objetivos finales. Con un plan ganador establecido, es hora de activar cada uno de los pasos y hacer realidad tu visión. En el Paso 4, tomarás acción constante y crearás activamente la vida que realmente te mereces.

SIMPLEMENTE COMIENZA

Comenzar tu viaje de crecimiento personal puede ser abrumador. Es fácil sentirse abrumado por la magnitud de lo que debe hacerse. Pero la verdad es que el secreto del crecimiento personal radica en dar el primer paso. No lo evadas ni esperes a que las condiciones sean perfectas antes de comenzar. Empieza donde estás, toma lo que tienes y avanza.

Es natural sentir la necesidad de crear un plan perfecto antes de dar cualquier paso. Pero el pensar demasiado puede llevar a la parálisis. Sin darte cuenta, los días se convierten en semanas, los meses en años, y sigues parado en la línea de partida. Reconoce que la perfección es inalcanzable y que tu plan no tiene que ser impecable. Identifica los pasos que tienen sentido para ti y toma acción de manera constante.

Al comenzar este viaje, no olvides que el progreso viene en muchas formas. Pequeños pasos dados de manera constante pueden conducir a grandes resultados. La clave está en trabajar consistentemente hacia tus objetivos. Comprende que el crecimiento personal es un proceso de prueba y error. Cometerás errores, enfrentarás contratiempos y encontrarás desafíos, pero cada experiencia es una oportunidad para crecer.

Recuerda que el crecimiento personal es un viaje. Y es parte del proceso. Permítete disfrutar del proceso, enorgullécete de tus logros y aprecia lo lejos que has llegado. Al avanzar en tu viaje hoy y todos los días, estás dando pasos hacia convertirte en la mejor versión de ti mismo.

LA REGLA COTIDIANA

La Regla Cotidiana es una herramienta poderosa para lograr el éxito en la vida. Es una filosofía simple que nos anima a aprovechar al máximo cada día tomando medidas hacia nuestros objetivos. Siguiendo esta regla, podemos evitar la procrastinación, la desidia, eliminar distracciones y mantenernos enfocados en lo que más importa: alcanzar nuestros objetivos finales y crear una vida de abundancia, felicidad y paz.

Para aprovechar al máximo la Regla Cotidiana, sigue estos consejos útiles.

- Establece metas incrementales. Cuando establecemos metas demasiado grandes o desalentadoras, podemos sentirnos abrumados y perder la motivación. Al desglosar las metas en pasos más pequeños y manejables, avanzarás cada día y construirás impulso hacia tu objetivo final.
- Planifica tu día la noche anterior. Este es un hábito valioso de cultivar. Al establecer metas y tareas para el día siguiente, podemos comenzar la jornada con energía y evitar perder tiempo en indecisiones o procrastinación.
- Elimina las distracciones. Apagar nuestros teléfonos durante los momentos de productividad o encontrar un lugar tranquilo para trabajar puede ayudarnos a mantenernos enfocados y evitar distracciones.
- Programa tu día. Organiza tus momentos de tiempo productivo detallando las tareas del día e incluso programando tus descansos. Tomar descansos también es importante para mantener la productividad y la motivación. Tratar de trabajar durante períodos prolongados sin parar puede llevar al agotamiento y la pérdida del entusiasmo. Tomando descansos regulares y alejándonos de nuestro trabajo, podemos recargar energías y volver a la tarea con una renovada energía y enfoque.
- ¡Recompénsate! Cuando nos recompensamos por completar tareas importantes, se convierte en un poderoso motivador. Celebrar tus logros, por pequeños que sean, te dará una sensación de realización y te ayudará a mantener una actitud positiva y motivada.

Seguir la Regla Cotidiana te ayudará a mantener el enfoque, la motivación y el rumbo hacia tus objetivos. Puede que no sea fácil, pero las recompensas valen la pena. Al tomar medidas cada día, construirás hábitos y una mentalidad de éxito, ¡y alcanzar tus objetivos finales será inevitable!

ANALIZA EL PROGRESO, REALIZA AJUSTES Y SIGUE ADELANTE

A medida que avanzas en tu camino hacia tus metas y aspiraciones, es crucial evaluar regularmente tu progreso y hacer ajustes según sea necesario. Tanto como es importante mantener la consistencia, es igualmente importante analizar la efectividad de tus acciones y adaptar tus estrategias en consecuencia.

Si te encuentras en una situación en la que sientes que lo que estás haciendo no está funcionando, tómate un momento para detenerte, evaluar la situación y pensar en cursos de acción alternativos. Esto te ayudará a mantener el rumbo y asegurarte de que estás avanzando en la dirección correcta.

Es natural encontrar obstáculos y bloqueos en el camino, pero es importante enfrentarlos con la mejor actitud, mantener la flexibilidad y estar dispuesto a realizar cambios. No temas abandonar una estrategia o idea si no está funcionando; tu éxito final depende de tu disposición para adaptarte y pivotar.

¡RECUERDA CELEBRAR!

Es muy importante celebrar tus éxitos, sin importar cuán pequeños o aparentemente insignificantes puedan ser. Cada victoria, por pequeña que sea, merece reconocimiento y positividad. Celebrar tus pequeños logros te ayudará a mantener tu motivación y seguir avanzando.

El mejor plan es aquel en el que tomas medidas. Así que no esperes a que las cosas sucedan; crea un plan, toma medidas, evalúa, ajusta y sigue adelante. ¡Estás en camino y ahora estás en control!

PASO 5: MANTENIENDO EL RUMBO (PERSEVERAR):

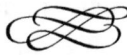

ESTRATEGIAS Y ELEMENTOS VITALES PARA AYUDARTE A PERSEVERAR A TRAVÉS DE DESAFÍOS, ADVERSIDADES Y TIEMPOS DIFÍCILES

¡Felicitaciones! ¡Has llegado al último paso del Método Maestro!

Vamos a repasar rápidamente los pasos del Método Maestro hasta ahora:

Paso 1: Crea hábitos mentales y define lo que quieres

Empezaste decidiendo lo que quieres. Iniciaste un diario donde reconociste lo que no quieres y enumeraste lo que sí quieres. Evaluaste tu punto de partida y aprendiste sobre el poder del pensamiento y la conexión entre pensamientos, sentimientos y energía. Aprendiste a elegir el camino positivo y comenzaste a pensar en tus metas en cinco áreas de la vida: Carrera, Finanzas, Relaciones, Salud y Paz Interior. Aquí descubriste que eres el creador de tu propia realidad.

Paso 2: Fortalece tu mente

En este capítulo, descubriste lo importante que es acondicionar tu mente para el éxito a través de cinco elementos esenciales: Gratitud, Humildad, Positividad, Fe y Paciencia. Aprendiste que realmente puedes redirigir y cambiar tu manera de pensar, que perder no es más que una parte de ganar, y que es posible resetear tu enfoque hacia la positividad. También te dieron algunas técnicas para superar obstáculos y tratar con personas difíciles, así como para mantener tu fe y practicar la paciencia.

Paso 3: Diseñar tu plan

Ahora llegamos a la importancia de preparar un mapa y mantenernos en él, sabiendo que alcanzar tus grandes objetivos será más rápido cuando crees metas incrementales más pequeñas e incluyas flexibilidad en tu plan.

Paso 4: ¡Actúa determinantemente y crea tu vida!

Poner en práctica tu plan con acciones intencionadas y consistentes es la clave del Paso 4. Estás en modo de creación ¡y estás avanzando activa y constantemente!

En este último Paso 5, discutiremos algunas estrategias finales y elementos vitales que te ayudarán a mantenerte en el rumbo cuando enfrentes desafíos, adversidad y tiempos difíciles.

Embarcarse en un viaje hacia la grandeza nunca es un camino suave y directo: hay giros y vueltas, baches y obstáculos que sin duda tienen la capacidad de frenar tu progreso. Sin embargo, es esencial tener en cuenta que estos desafíos son simplemente parte del proceso y no tienen el poder de impedirnos alcanzar nuestras metas. De hecho, son aquellos que continúan luchando constantemente a través de la adversidad los que logran ver sus sueños hacerse realidad. Son aquellos que siguen adelante con la intención de superar cada desafío, quienes alcanzarán el éxito.

No dejes que el miedo a superar obstáculos te detenga. Aunque pueda parecer imposible seguir adelante en momentos difíciles, recuerda que tienes la fuerza dentro de ti para conquistarlo todo. Pero es fundamental que sigas siendo intencional en tus acciones, constante en tus esfuerzos y siempre estés consciente de lo que viene en tu plan.

Alcanzar el éxito que deseas profundamente no es solo una posibilidad, es completamente, absolutamente alcanzable. Cree en tu potencial y en tu poder, y trabaja hacia ello sin miedo. ¡Tienes lo necesario para lograrlo!

LA AUTODISCIPLINA Y FUERZA MENTAL

Cuando decidí a los 15 años convertirme en campeón mundial de kickboxing, sabía que no iba a suceder de la noche a la mañana. Sabía que requeriría una gran cantidad de entrenamiento y el desarrollo de técnicas. Sabía que necesitaba experiencia para comprender la mecánica de la pelea y que el trabajo necesario sería extremadamente difícil. PERO también sabía, sin lugar a dudas, dónde quería estar y sabía que haría lo que fuera necesario para llegar allí.

Para pelear al nivel de un título mundial, gran parte de mi plan no era solo ponerme en forma, sino también trabajar hasta tener el cuerpo mejor acondicionado en la categoría de peso ligero en todo el mundo. Para lograrlo, tenía que levantarme temprano TODOS LOS DÍAS y hacer el trabajo necesario para llevar a cabo mi plan. Y eso requería autodisciplina.

Pero, ¿cómo desarrollas exactamente la disciplina que necesitas una vez que has comenzado a trabajar en tu plan?

La autodisciplina es un aspecto importante de la vida que desempeña un papel vital para asegurar el éxito y el logro en cualquier campo. Implica la capacidad de controlar tus pensamientos y acciones, y de hacer lo que se debe hacer todos los días para alcanzar tu objetivo final. No se trata solo de motivación, sino de consistencia, perseverancia y enfoque.

La autodisciplina es un proceso en sí mismo

Para empezar, desarrollar la autodisciplina comienza con un deseo ardiente: un deseo que te llena de emoción, energía positiva y anticipación. Sin este deseo ardiente, será difícil mantener la disciplina necesaria para seguir adelante cuando las cosas se pongan difíciles.

Debes mantener tus ojos en el objetivo final, recordándote constantemente lo que vas a lograr. Esto te ayuda a enfocar tus energías, mantener la motivación y seguir avanzando a lo largo del proceso.

Mantener una actitud positiva de manera proactiva también es fundamental cuando se trata de autodisciplina. Tu estado mental tiene un impacto significativo en el éxito o el fracaso de tus esfuerzos. Si te despiertas cada mañana quejándote de todas las cosas en tu lista, temiendo el día que viene, te estás preparando para un día difícil. Sin embargo, si eliges comenzar el día con una perspectiva positiva, gratitud y enfocándote en tus logros en lugar de tus desafíos, verás que el día transcurre de manera más fluida y podrás completar tus tareas con mayor facilidad.

Para mejorar y expandir tu autodisciplina, necesitas pensar de manera creativa. Por ejemplo, discutimos el proceso de descomponer tu objetivo en tareas más pequeñas y alcanzables, establecer plazos para cada tarea y recompensarte por completar cada meta.

Alternativamente, puedes encontrar un entrenador o compañero que te haga responsable para mantenerte en el camino, practicar visualizaciones y meditaciones para verte teniendo éxito y eliminar cualquier distracción o influencia negativa que pueda desviar tu progreso.

En este punto, la autodisciplina se convierte en tu capacidad para hacer lo que necesitas hacer, cuando necesitas hacerlo, sin importar qué. Sin excusas. Sin racionalizaciones de por qué no lo vas a hacer o por qué puede esperar. Sin procrastinación o desidia ni abandonar una tarea. Tu autodisciplina te llevará a hacer las cosas con diligencia y persistencia. Tendrás la mentalidad de no estar satisfecho hasta que la tarea esté completa y la casilla esté marcada. También tendrás la mentalidad de seguir adelante, encontrar soluciones cuando enfrentes desafíos y ver los contratiempos como lecciones, no como razones para detenerte.

La autodisciplina es un proceso que requiere ese deseo ardiente dentro de ti, enfoque, consistencia y una actitud positiva. Es esencial mantener estas cualidades y permanecer motivado durante el viaje, para poder superar cualquier obstáculo que se presente.

Cuando domines el arte de la autodisciplina, descubrirás que tendrás un superpoder adicional para lograr cualquier cosa que te propongas, sin importar tus circunstancias actuales o si experimentas desafíos inesperados en el camino.

ENTUSIASMO

El secreto para alcanzar tus objetivos radica no solo en la cantidad de esfuerzo que dediques, sino también en el espíritu con el que abordes tus tareas. Como dijo una vez el gran gurú del éxito, Napoleon Hill, "No hay atajos hacia los grandes éxitos".

Debes comprometerte a trabajar duro, y hacerlo con entusiasmo es la clave para desbloquear todo tu potencial. Cada pequeño esfuerzo que pongas en tu trabajo contribuye a tu éxito. Si abordas tus tareas con una actitud negativa o sin sentirte bien con ellas, se reflejará en tus resultados. De hecho, es posible que no veas ningún resultado en absoluto.

Para alcanzar tus objetivos, debes tener la autodisciplina para realizar tus tareas de la mejor manera posible. E igualmente importante, necesitas comprometerte con tus planes con entusiasmo y pasión. Esta combinación de trabajo duro y creatividad te llevará lejos y te ayudará a alcanzar el éxito más allá de tus sueños más increíbles. Recuerda: con la actitud correcta, todo es posible.

ENTRENAMIENTO DE CAMPEONATO

Durante muchos años, mi rutina de entrenamiento en preparación para competencias era comenzar cada día con 45 minutos corriendo. Esto era solo una fracción de mi entrenamiento y solo era el comienzo de mi mañana. Después de mi carrera de 45 minutos (que también incluía piques y saltos), me dirigía al gimnasio de boxeo durante 3 horas para trabajar mis manos en la pera de velocidad, el saco pesado y focus pads, y también trabajar en ejercicios de tiempo de reacción y combates de entrenamiento. Después del gimnasio de boxeo, era hora de dar clases de artes marciales hasta las 9 pm, después de lo cual comenzaría la tercera parte de mi entrenamiento en la tarde noche. Durante 2 horas, trabajaba en patadas y acondicionamiento de piernas con almohadillas de patadas, combates de entrenamiento con mis pies, ejercicios de velocidad y resistencia. Terminaba mi entrenamiento alrededor de las 11:00 pm, y para cuando llegaba a casa, estaba absolutamente exhausto y muchas veces maltratado. Pero sabía que este trabajo era necesario ¡porque quería ser el mejor!

A la mañana siguiente, la rutina comenzaba nuevamente. Ahora, levantarse y seguir este programa de entrenamiento durante un día o dos es una cosa. Sin embargo, llevar a cabo diligentemente y consistentemente estas instrucciones todos los días durante meses y meses es completamente diferente. A menudo, estaba tan agotado físicamente, con músculos adoloridos y, en ocasiones, lesiones. Miraba hacia adelante y veía el día frente a mí igual que el día anterior y el día anterior. Sin importar el horario, sin importar el clima y sin importar el dolor que sentía, aún tenía que levantarme todas las mañanas para entrenar... y a veces mi mente y mi cuerpo lo hacían increíblemente difícil.

" *No importa cuántas palabras sagradas leas, no importa cuántas hables, ¿de qué serviría si no actúas de acuerdo a ellas?*

— BUDA

TODO ES CUESTIÓN DE ACTITUD

Lo que aprendí a lo largo de esos años es que era MI ELECCIÓN levantarme y odiar lo que estaba haciendo, o hacerlo sabiendo que me acercaba más a convertirme en campeón mundial. Mientras yacía allí temprano en la mañana, especialmente cuando estaba cansado y agotado, conscientemente me recordaba a mí mismo lo que quería lograr, y visualizaba el resultado final. Me transportaba a ese lugar en mi mente, victorioso, sintiendo la alegría, escuchando los aplausos de la multitud y sintiendo la oleada de felicidad y orgullo en ese momento de alcanzar mi destino.

También me recordaba a mí mismo por lo que estaba agradecido: mi salud, mi familia y mis amigos, y activamente me ponía en una mentalidad positiva. Podía consciente e intencionalmente sentirme bien por lo que necesitaba lograr ese día, y así me levantaba y literalmente me decía en voz alta: "Hoy va a ser un GRAN DÍA". Pensaba en cuánto iba a mejorar gracias a mi entrenamiento. SABÍA que el campeonato mundial ya estaba en camino, y me sentía feliz y emocionado. Esta emoción me daba la motivación y la energía no solo para levantarme, sino para hacerlo con entusiasmo y atacar mis tareas.

Me sentía feliz por estar mejorando, sin importar si había 17 grados Farenheit (-8 Celsius) o si había nieve y hielo en el suelo. Estaba feliz de estar mucho más cerca de mi objetivo y esta actitud mental positiva me llevó por el camino para convertirme en campeón mundial, no solo una vez, sino siete veces.

ROMPIENDO LAS BARRERAS

A veces, tu mente no condicionada se apoderará de ti e intentará engañarte para que hagas las cosas de la manera fácil, como posponerlas hasta mañana o decirte: "Sé que estás cansado. Deberías descansar hoy y luego hacerlo mejor mañana". O tu mente incluso puede intentar decirte: "Esto no vale el esfuerzo. Quizás deberías detenerte ahora. ¡Simplemente ríndete! ¡Entonces podrás relajarte!"

Cultivar una mentalidad ganadora significa superar activamente los pensamientos negativos que pueden poner obstáculos en nuestro camino hacia el éxito. Estas barreras a menudo provienen de emociones arraigadas, pero es importante darse cuenta de que, sin importar su origen, depende de nosotros decidir si permitimos que nos detengan.

Puede parecer abrumador, pero con un poco de determinación, cualquiera puede superar estos obstáculos. Aquí hay algunos consejos para ayudarte en el camino:

- Reconoce y admite tus pensamientos/sentimientos negativos cuando aparezcan, pero no dejes que te consuman.
- Imagina que esos sentimientos (duda, preocupación, miedo, falta de valía, etc.) pasan directamente a través de ti y te abandonan.
- Cambia tu enfoque a pensamientos positivos. Recuerda tus fortalezas y éxitos pasados. Convierte los pensamientos y sentimientos negativos en positivos al centrarte en la gratitud y en cosas que te traen alegría.
- HAZ cosas que te hagan sentir bien.
- Recuérdate a ti mismo que ERES valioso, no necesitas temer y eres capaz.

- Elige no permitir que otros interrumpan los fuertes sentimientos positivos que has trabajado tanto para alcanzar.
- Rodea tu entorno con personas que te apoyen y que crean en ti y en tus habilidades.

UNA MIRADA HONESTA AL INTERIOR

Una de las conversaciones que tuve con uno de mis maestros más sabios, el Lama Tibetano Tinku Nyima Rinpoche, fue un momento que cambió mi vida. Una tarde, mientras lo visitaba en su cámara privada, me explicaba la importancia de la autodisciplina para llevar una vida de manera positiva y evitar pensamientos y acciones negativas.

Mientras escuchaba estas enseñanzas, sentimientos abrumadores de arrepentimiento me invadieron y me sentí terrible al recordar errores que había cometido y cosas de las que me arrepentía en mi pasado. Compartí con él muchos de los sentimientos que estaba experimentando en ese momento, y mientras escuchaba, él simplemente sonrió y dijo: "Bueno".

Confundido, le pregunté a mi maestro: "¿Por qué llamas 'buenos' a estos sentimientos que estoy teniendo?" Sonrió de nuevo y explicó suavemente: "Porque ahora sabes lo que no quieres ser".

Para mantener una actitud positiva, primero debes entender el origen de tus pensamientos y sentimientos, determinar dónde realmente se originan y preguntarte si esos sentimientos tienen un propósito positivo. Por ejemplo, si estás enojado, ¿el enojo resolverá tu problema? ¿Servirá para un propósito positivo? Sería mucho mejor dejar que esos sentimientos pasen y transformar tu energía en encontrar soluciones. Soluciones positivas.

Tu ego encontrará cualquier excusa para justificar y culpar a otros por tus pensamientos, sentimientos y acciones negativas ("Estoy realmente enojado por su comportamiento" o "No voy a ayudarla porque fue grosera"). Aprende a ser el dueño de tus propios pensamientos, emociones y acciones, y reemplazar de manera proactiva las emociones negativas con pensamientos positivos basados en soluciones. TÚ controlas tus emociones y lo que permites que sientas por una persona o una situación.

Hacernos responsables de nuestras emociones es crucial para mantener un estado mental saludable. Culpar a otros o a circunstancias externas solo perpetúa sentimientos negativos. Para desarrollar la autodisciplina y entender verdaderamente nuestras emociones, es importante ser honestos con nosotros mismos.

Aquí tienes algunas preguntas que puedes hacerte cuando te enfrentas a emociones negativas:

- ¿Qué estoy sintiendo en este momento? ¿Ira? ¿Envidia? ¿Molestia? ¿Frustración?
- ¿Estoy culpando a alguien o a circunstancias externas por este sentimiento?
- ¿Por qué me siento así? ¿Cuál es la raíz de este sentimiento?
- ¿Tengo miedo de perder el control? ¿Incomodidad? ¿Dolor? ¿Perder a alguien? ¿Abandono?
- ¿Esta emoción me está ayudando? ¿Cambiará la situación o la mejorará de alguna manera?
- ¿Cómo puedo ver la situación objetivamente y observarla sin emoción?
- ¿Cómo puedo darle la vuelta de manera positiva?

Responder a estas preguntas puede ayudarte a ser más consciente de ti mismo y estar mejor preparado para manejar intencionalmente emociones negativas. Recuerda, somos 100% responsables de nuestras emociones y comportamientos resultantes, y tenemos el poder de cambiar el resultado cambiando nuestra mentalidad. Tomar el control de tus emociones te llevará a acciones, interacciones, circunstancias y oportunidades más positivas y, en última instancia, a una vida más feliz y satisfactoria.

CAMBIAR DE NEGATIVO A POSITIVO

Supervisar los pensamientos y cambiarlos para mantener un estado de ánimo positivo es una de las tareas más difíciles de dominar para cualquier ser humano. A veces parece imposible encontrar esa semilla positiva, especialmente cuando todo parece ir mal a tu alrededor. Estás abrumado, frustrado, desanimado y sientes que estás fallando. Aquí es cuando necesitas parar y darte un respiro.

Ciertamente no estás solo al experimentar estos sentimientos. ¡Eres humano! Tal vez estés cansado. Permítete descansar. Tómate un tiempo para alejarte de la frustración y el desánimo y permítete respirar pacíficamente por un momento.

Cierra los ojos y respira muy lentamente por la nariz y deja salir el aire por la boca. Relaja conscientemente cada músculo de tu cuerpo desde la parte superior de la cabeza hasta la punta de los dedos de los pies. Siéntete cada vez más relajado e imagina que toda la frustración abandona tu cuerpo y es reemplazada por luz, paz y calma. Permítete este momento, disfruta este sentimiento y siéntete con paz y tranquilidad por un momento.

Una vez que hayas restaurado una sensación de paz y calma dentro de ti, ahora restaura en tu mente la imagen de la meta por la que estás luchando. No pienses en tu día, obstáculos, desafíos o tus frustraciones. Piensa en tu destino. Imagínalo, estará allí, disfrútalo y cambia tus sentimientos a un estado vibratorio positivo.

Pensamientos útiles y recordatorios para cambiar de marcha:

- Esta experiencia me está fortaleciendo.
- Esta experiencia me está proporcionando valiosas herramientas que necesitaré más adelante.
- Esta experiencia me está dando la sabiduría que necesitaré más adelante.
- Esta experiencia me está mostrando un contraste, así que realmente apreciaré el otro extremo: la alegría de superar este obstáculo.
- Esta experiencia es sólo temporal.
- Cuanto más rápido pueda volver a cambiar mi energía a lo positivo, más rápido volveré a la normalidad y al camino correcto hacia mi objetivo.
- Darle a esta situación energía positiva en lugar de responder negativamente resultará en una resolución más rápida.

Una vez que puedas entender verdaderamente este poder y la naturaleza de tus pensamientos, serás capaz de dominar el control de tu energía vibratoria. Te convertirás en el amo de tu mente. Comprender tus pensamientos, mejorará tu perspectiva, cualquier circunstancia, experiencia y tus relaciones con todas las personas que encuentres.

El camino hacia el éxito puede no ser fácil, pero con una mentalidad positiva y negándote a dejar que los pensamientos negativos te detengan, se puede lograr. Sigue empujando hacia adelante y cree en ti mismo. ¡Lo has conseguido!

EJERCICIO: REVISIÓN DEL DÍA

Todos los días, trata de encontrar un momento de tranquilidad. Cierra tus ojos. Relaja tu cuerpo. Visualiza tus músculos comenzando a relajarse. Cuando te introduzcas en el estado de relajación, deja que los pensamientos entren en tu mente. No los reprimas. Déjalos venir, luego déjalos ir. Déjalos entrar, luego déjalos salir. Vacia tu mente.

Ahora repite tu día, comenzando con el último encuentro con la última persona en tu día. ¿Qué hiciste? ¿Qué dijiste? ¿Cuál fue la interacción? No te identifiques con la situación. Si fue feliz, no te pongas feliz. Si fue triste, no te entristezcas. Míralo en tercera persona, muy objetivamente. Si algo te hizo enojar en el momento, en esta repetición obsérvalo intencionalmente sin sentir emoción. Solo míralo... y pasa a la siguiente escena. Míralo como una película. Pasa a la situación anterior a esa, y la que antes de esa, y el anterior a esa, hasta que te veas despertando esa mañana.

Ahora has repasado todo el día de experiencias y has repetido todo lo que pasaste, sin la emoción. Ahora puedes tener una visión diferente de tu día, y esto te ayudará a eliminar la negatividad que puede haber resultado de tus experiencias. Has cambiado a un estado de ánimo positivo, que te mantendrá en el camino correcto para hacer lo que necesitas hacer: completar tus tareas y llevar a cabo tu plan para el éxito.

REFLEXIONES FINALES:

SABIDURÍA DE LOS MAESTROS, CONSEJOS Y RECORDATORIOS

¡**F**ELICIDADES! Si has llegado a este punto, realmente estabas destinado a recibir todo lo que has leído en esta guía para el *Pensamiento Positivo para la Superación Personal*.

Espero sinceramente que te hayas inspirado con los pasos del "Método Maestro" y sientas que has ganado las herramientas y la confianza para seguir tus sueños más íntimos. Realmente creo que lograrás todo lo que te propongas, si sigues los pasos del Método Maestro con diligencia, constancia y entusiasmo.

Aquí hay algunos recordatorios finales y consejos para inspirarte, motivarte y mantenerte encaminado:

1 — Recuerda: ERES DIGNO.

No dejes que las voces de tu pasado te digan que no lograrás tener éxito. Libera tu mente de esas voces. Fuiste creado puro y perfecto, esa es la verdadera esencia de lo que eres. Tu único trabajo es regresar y reconectarte con esa fuente de pureza y con tu yo superior. ¡La increíble vida que realmente deseas es tuya! El truco es: debes creer que lo mereces. Cuando decidas reconocer que ERES DIGNO, ERES CAPAZ y REALMENTE MERECES la vida que deseas, abrirás las puertas para una vida exitosa llena de abundancia.

2 — Tu poder es ilimitado.

No te sientas impotente, permitiéndote convertirte en una víctima de las circunstancias. Dentro de ti está todo lo que necesitas para CREAR la vida que realmente quieres. Esa fuerza universal que impulsa todo y a todos, la fuente, la inteligencia infinita, el poder supremo, o como elijas aceptarlo, está presente en todos y en todo. Cuando permaneces consciente de esta fuerza y tu conexión con ella, ¡tu poder para crear es ilimitado!

3 — No dejes que el miedo gobierne tu vida.

El miedo es una de las principales causas del pensamiento negativo y el fracaso. Hay muchos tipos de miedo que pueden influir en nuestras mente: miedo al rechazo, miedo al fracaso, miedo a la vergüenza, miedo a la pobreza, miedo a perder a los que amas, miedo a "qué van a decir", miedo a la enfermedad, miedo a la muerte. No importa qué tipo de miedo viva dentro de ti, solo te detiene e impide la expansión de tu mente, cuerpo y espíritu. Para cualquier miedo que puedas experimentar, empodérate para erradicarlos con visualizaciones, afirmaciones positivas y un plan para caminar a través del miedo, pasarlo y dejarlo atrás.

Dite a tí mismo: "Si mis amigos me rechazan, encontraré nuevos amigos que me apoyen. Si fallo, aprenderé una lección valiosa que me ayudará a alcanzar mi meta. No importa lo que los demás piensen de mí. Sus opiniones no importan y no disminuirán lo que pienso de mí mismo ni cambiarán mi enfoque. Si personas a quienes amo deciden caminar por un camino diferente, mis pensamientos estarán con ellos y les desearé un viaje seguro y exitoso". Una vez más, mientras te concentres en lo que deseas y si cambias positivamente tus pensamientos, todo lo que experimentas te beneficiará y te acercará a tu meta.

4 — Llénate de amor y compasión.

El amor es la más poderosa de todas las emociones. Te ayudará a ver lo mejor de todos y a apreciar el mundo que te rodea. Te permitirá pasar por alto las capas externas de la personalidad, ver a todos en un nivel más profundo y encontrar conexiones con todos los seres. El amor te permite ver más allá de la superficie, desarrollando como resultado comprensión y paciencia.

La compasión es el antídoto para la ira y muchas otras emociones negativas. Podemos sentir compasión si tratamos de comprender a los demás y miramos más allá del comportamiento negativo e intentamos comprender de dónde proviene la raíz de su negatividad. Puede ser una falta de conocimiento o sus propios miedos e inseguridades. Comprender esto te ayudará a verlos bajo una luz diferente.

5 — Encuentra alegría en todo lo que te rodea.

No estamos solos en este universo, sino que somos parte de él. Permítete estar en el presente en cada momento. Siente el viento. Escucha a los pájaros. Siente la energía de los árboles y las plantas. Simplemente disfruta de estar en presencia de lo que te rodea. Esta conciencia y aprecio te traerá una sensación de gran paz y tranquilidad. Siempre dáte la oportunidad de reconocer, apreciar y disfrutar tu entorno.

6 — Rodéate de personas que apoyen tu estado de ánimo y evita a las personas que son una influencia negativa.

Las personas exitosas se rodean de otra gente exitosa. Se alimentan simultáneamente de la energía positiva de cada uno, empoderándose a través de sus interacciones. Sus energías positivas, conocimiento y entusiasmo son cosas maravillosas para compartir. Por el contrario, el pesimismo y negatividad al rodearte de personas pesimistas también tendrá ese tipo de impacto en ti. Evita en lo posible las interacciones con personas que te critiquen o te menosprecien sin querer, pensando que te están dando su opinión para "ayudarte". En su lugar, comparte tus ideas y rodéate de personas que apoyen tu estado de ánimo o de personas de las que puedas recibir consejos constructivos adecuados.

7 — Descansa bien y crea hábitos saludables.

Cuidar tu cuerpo y crear hábitos saludables son esenciales para aumentar tu productividad general. Descansar lo suficiente aumentará tu nivel de energía, rendirás mejor y tendrás una mejor actitud mental. De igual manera, una nutrición adecuada mejorará el nivel y la calidad de tu productividad, creando un bienestar general dentro de ti que te permitirá vibrar positivamente. Los excesos siempre tendrán repercusiones negativas en tu cuerpo y, consecuentemente, en tu rendimiento. ¡Vive una vida de equilibrio y disfruta de los resultados!

> *El entusiasmo es la levadura que hace brillar tus esperanzas hasta las estrellas. El entusiasmo es el brillo en tus ojos, el balanceo en tu andar, el agarre de tu mano, la irresistible oleada de voluntad y energía para ejecutar tus ideas.*
>
> — HENRY FORD

8 — Relájate.

Preocuparte no va a hacer llegar lo que quieres más rápido. Una de las cosas que a muchas personas les "gusta" hacer cuando se encuentran con un desafío es preocuparse más por ello. Entrar en un frenesí de preocupación no te ayudará a encontrar una solución más rápido. Así que cambia el ciclo, cambia tu vibración, concéntrate con paz y entusiasmo en lo que realmente quieres, y comenzarás a atraer cosas buenas.

9 — Deja tiempo para aprender algo nuevo.

Mantén siempre tu mente abierta al conocimiento. Aprende observando a los demás, observando la naturaleza y todo lo que te rodea. Aprende de un libro, audiolibro, podcast o video. Aprende de un maestro y de cada día que vives. Al expandir constantemente tu mente, la mantienes condicionada para buscar y aceptar el conocimiento. Estarás más equipado para vivir mejor y obtener una comprensión más profunda de la vida y de ti mismo.

> *Para gozar de buena salud, para brindar verdadera felicidad a la familia, para brindar paz a todos, primero se debe disciplinar y controlar tu propia mente. Si un hombre puede controlar su mente, puede encontrar un camino hacia la iluminación, y toda la sabiduría y la virtud vendrán a él de forma natural.*
>
> — BUDDHA

10 — Visita un lugar nuevo.

De vez en cuando, se siente genial visitar un lugar nuevo. No tiene que estar lejos, y no tiene que requerir mucho tiempo. Comer en un nuevo restaurante. Ver una nueva película. Ir a caminar. Siempre estoy tratando de encontrar nuevos lugares para visitar. Me encantan las montañas y los lagos, y cuando no tengo mucho tiempo, trato de encontrar un lugar divertido para ir con mi familia, aunque sea un paseo corto por la naturaleza. Ayuda a renovar energías y te sacará de una rutina en la que puedes estar cayendo. A veces, las personas pasan sus días, día tras día, en piloto automático, haciendo lo que se supone que deben hacer, sin energía ni entusiasmo. ¡Experimentar lugares nuevos o romper la rutina de vez en cuando te ayudará a mantenerte emocionado y entusiasta! ¡Refrescará tu espíritu y es DIVERTIDO!

11 — Repita las siguientes afirmaciones en voz alta todos los días y con la mayor frecuencia posible.

- Soy digno del éxito
- Soy el creador de mi vida.
- Tengo el control de mis pensamientos y mi emociones
- Tengo un poder ilimitado para crear la vida que deseo.
- Estoy muy agradecido por todo lo que tengo
- Con cada respiración me lleno de paz interior y de felicidad.
- Elijo la positividad en mis pensamientos, sentimientos, comportamientos y acciones

12— Actúa

Cuando hayas definido lo que quieres y detallado tu plan, ¡no esperes! TOMA MEDIDAS CONSISTENTES. La procrastinación matará cualquier plan. Tu debes ser PROACTIVO, EMPIEZA AHORA y SIGUE ADELANTE ¡cada día! Pon en práctica tu plan, aunque no sea perfecto o exactamente como quieres que sea. Para cualquier cosa que no sepas, el "hacer" te dará dirección y te enseñará rápidamente, revelando lo que debe ajustarse en tu plan original. ¡Solo comienza!

¡SUEÑA EN GRANDE!

En un mundo que a menudo nos dice que seamos realistas y que nos conformemos con menos, esta guía para el Pensamiento Positivo nos recuerda que todo es posible si crees en ti mismo, mantienes un estado de ánimo positivo y te esfuerzas.

El "Método maestro" de 5 pasos te proporciona un mapa para tomar el control de tu vida y lograr tus sueños, y mediante el uso de ejercicios y visualizaciones simples pero poderosas, tienes el poder de condicionar tu mente para el éxito y cultivar una actitud ganadora junto con una mentalidad de abundancia y alegría.

Pero este libro es más que una guía para lograr tus metas. También es un recordatorio para apreciar el viaje, para encontrar la felicidad en el momento presente, para recordar por lo que estás agradecido y para que nunca renuncies a tus sueños.

Entonces, para todos aquellos que se atreven a soñar en grande, que este libro sea su inspiración y guía, infundiéndoles el coraje y la determinación para dar el primer paso para crear la vida que realmente merecen. Eres digno, eres poderoso y ¡TÚ PUEDES HACERLO!

Con gratitud y bendiciones,

La Academia del Método Maestro y

Gran Maestro Marco Sies

SOBRE LOS AUTORES

LA MASTER METHOD ACADEMY

La Master Method Academy ofrece educación en liderazgo, artes marciales, fomento de la confianza, prevención del acoso, salud y bienestar. Establecida en 2011, la academia se enfoca en la educación positiva, fomentando una mentalidad positiva y fomentando la amabilidad, el respeto y la confianza. Los miembros del personal de la academia y los colaboradores docentes de ella, incluyen educadores profesionales y especialistas en desarrollo curricular, psicólogos educacionales, terapeutas certificados y entrenadores de bienestar; entrenadores personales de salud y acondicionamiento físico, además de gran maestros de artes marciales, maestros y entrenadores de campeones mundiales.

A través de sus programas educativos, comunitarios y publicaciones, La Master Method Academy fomenta el desarrollo de habilidades esenciales para la vida que impactan profundamente en el crecimiento personal y el éxito a largo plazo. Sus programas abordan temas que incluyen la prevención del acoso, la resolución de conflictos y el desarrollo de habilidades de mentalidad positiva, ayudando a los estudiantes a desarrollar herramientas para enfrentar desafíos y lograr el éxito con confianza y resiliencia. La Master Method Academy va más allá de la educación y se involucra activamente con la comunidad local y las escuelas públicas a través de su Programa de alcance comunitario. Sus contribuciones incluyen donaciones de equipos, suministros, servicios educativos y fondos para apoyar escuelas e iniciativas locales. Como resultado, La Master Method Academy ha desarrollado un fuerte lazo con su comunidad a través de sus acciones educativas y filantrópicas.

GRAN MAESTRO MARCO SIES

El gran maestro Marco Sies es 7 veces campeón mundial, gran maestro de décimo grado, educador, autor, propietario de negocios y presentador de programas de televisión. Originario de Santiago de Chile, el Gran Maestro Marco comenzó su entrenamiento en artes marciales hace más de 40 años, luchó profesionalmente durante 14 años (kickboxing y boxeo), y ha estado enseñando profesionalmente y entregando tiempo a su comunidad durante más de 35 años.

Superar desafíos serios como la pobreza, lesiones, e incluso la falta de vivienda, el Gran Maestro Marco utilizó principios universales antiguos y atemporales para lograr sus siete campeonatos mundiales, formar academias de artes marciales exitosas, publicar materiales educativos, entrenar atletas campeones mundiales y desarrollar/ asesorar negocios. Dona su tiempo y recursos para promover la educación positiva, crear asociaciones comunitarias y ayudar a educadores, escuelas y grupos a nivel local e internacional. Actualmente, está produciendo una serie documental que destaca historias de éxito, al mismo tiempo que se involucra en importantes asuntos sociales, concientización sobre salud mental y en proporcionar recursos de ayuda, apoyo y educación.

REFERENCIAS

100+ Inspiring Buddha Quotes on Life, Mediation, and Compassion. (2020). In Declutter the Mind. Retrieved from https://declutterthemind.com/blog/buddha-quotes/

Bargh, J. A., & Morsella, E. (2008). The unconscious mind. *Perspectives on psychological science: A journal of the Association for Psychological Science*, 3(1), 73.

Brainy Quote. (n.d.). *Mahatma Gandhi quotes.* https://www.brainyquote.com/quotes/mahatma_gandhi_163698

Gandhi, M., & Fischer, L. (Eds.). (2002). *The Essential Gandhi: An Anthology of His Writings on His Life, Work, and Ideas.* Vintage Spiritual Classics.

Gibran, K. (1923). *The Prophet.* Alfred A Knopf.

Henry Ford Quotations. (2023). In The Henry Ford. Retrieved from https://www.thehenryford.org

Hill, N. (2007). *Think and grow rich.* Jeremy P Tarcher.

Humility. (2021). In *Merriam-Webster Dictionary* (11th ed.). Retrieved from https://www.merriam-webster.com/

Humility. (2021). In *Oxford English Dictionary* (3rd ed.). Retrieved from https://www.oed.com/

James, W. (1907). The energies of men. *The Philosophical Review*, 16(1), 1-20.

Lao Tzu & Star, Jonathan. (2008). Tao Te Ching: The New Translation from Tao Te Ching, The Definitive Edition (Tarcher Cornerstone Editions). The Penguin Group.

Martial Development. (n.d.). From Homeless to World Champion: The Story of Kickboxer Marco Sies. Retrieved from https://www.martialdevelopment.com/world-champion-kickboxer-marco-sies/

Origin of "I hear and I forget. I see and I remember. I do and I understand." (2016). In Stack Exchange. Retrieved from https://english.stackexchange.com/questions/226886/origin-of-i-hear-and-i-forget-i-see-and-i-remember-i-do-and-i-understand

Psychology Today. (2023, March 3). How Many Thoughts Are in Your Head? Psychology Today. Retrieved from https://www.psychologytoday.com/us/blog/get-out-of-your-mind/202303/how-many-thoughts-are-in-your-head

Thomas A. Edison Quotes. (2023). In AZ Quotes. Retrieved from https://www.azquotes.com/author/4358-Thomas_A_Edison

www.ingramcontent.com/pod-product-compliance
Lightning Source LLC
LaVergne TN
LVHW052234110526
838202LV00095B/227